# EXPERIMENTE A *Ciência*
## 9º ano

### HELENI STROEDER
Doutora em Ciências na área de Parasitologia pela Universidade de São Paulo
Bacharel em Ciências Biológicas pela Universidade de São Paulo
Professora de Ciências da rede particular de ensino na cidade de São Paulo

### LUCIANA BARÃO ACUÑA
Mestre em Ciências na área de Ecologia:
ecossistemas terrestres e aquáticos pela Universidade de São Paulo
Especialista em Gestão Ambiental pelo Centro Universitário SENAC
Bacharel e Licenciada em Ciências Biológicas pela Universidade de São Paulo
Professora de Ciências da rede particular de ensino na cidade de São Paulo

### SIMONE APARECIDA BACIC
Especialista em Ecologia pela Universidade de Guarulhos
Bacharel e Licenciada em Ciências Biológicas pela Universidade de Guarulhos
Professora de Ciências e Biologia da rede particular de ensino
na cidade de São Paulo

### SUZANA SOUZA SOUTO DE OLIVEIRA
Doutora em Ciências na área de Ciências Morfofuncionais pela
Universidade de São Paulo
Fonoaudióloga pela Faculdade de Medicina da Universidade de São Paulo
Professora de Ciências da rede particular de ensino na cidade de São Paulo

# Sumário

| | | |
|---|---|---|
| | *Segurança nas aulas práticas* | 4 |
| Aula 1 | Grandezas e medidas | 5 |
| Aula 2 | Propagação de calor | 7 |
| Aula 3 | Velocidade média | 10 |
| Aula 4 | Tentativa de movimento uniforme | 12 |
| Aulas 5 e 6 | Encontro de móveis | 15 |
| Aula 7 | Queda livre | 18 |
| Aula 8 | Ondas sonoras | 20 |
| Aula 9 | Acústica – Produzindo, refletindo e isolando o som | 23 |
| Aula 10 | Espelhos planos | 26 |
| Aula 11 | Espelhos esféricos e espelhos planos | 29 |
| Aula 12 | Lentes esféricas | 31 |
| Aula 13 | Densidade de sólidos | 34 |
| Aula 14 | Densidade de líquidos | 36 |
| Aula 15 | Mudanças de estado físico – ebulição | 38 |
| Aula 16 | Processos de separação de misturas heterogêneas (I) | 41 |
| Aula 17 | Processos de separação de misturas heterogêneas (II) | 44 |
| Aula 18 | Processos de separação de misturas homogêneas | 46 |
| Aula 19 | Teste da chama | 49 |
| Aula 20 | Modelo atômico – eletrização | 51 |
| Aula 21 | Condução de eletricidade – Compostos iônicos × compostos moleculares | 53 |
| Aula 22 | Reações químicas | 55 |
| Aula 23 | Velocidade das reações químicas | 57 |
| Aula 24 | Indicadores ácido-base | 60 |
| Aula 25 | Reações de neutralização | 62 |

*Direção Geral:* Julio E. Emöd
*Supervisão Editorial:* Maria Pia Castiglia
*Programação Visual e Capa:* Mônica Roberta Suguiyama
*Fotografias da Capa:* Shutterstock
*Impressão e Acabamento:* Gráfica Forma Certa

**Experimente a Ciência – 9º ano**

Copyright © 2018 por editora HARBRA ltda.
Rua Joaquim Távora, 629 – 04015-001 – São Paulo – SP
Tel.: (0.xx.11) 5084-2482. Fax: (0.xx.11) 5575-6876
Endereço eletrônico: www.harbra.com.br

Todos os direitos reservados. Nenhuma parte desta edição pode ser utilizada ou reproduzida – em qualquer meio ou forma, seja mecânico ou eletrônico, fotocópia, gravação etc. – nem apropriada ou estocada em sistema de banco de dados, sem a expressa autorização da editora.

ISBN 978-85-294-0509-4

Impresso no Brasil                    *Printed in Brazil*

CIP-Brasil. Catalogação na Publicação
SINDICATO NACIONAL DOS EDITORES DE LIVROS, RJ

E96

Experimente a ciência: 9. ano / Heleni Stroeder ... [et al.]. - 1. ed. - São Paulo : HARBRA, 2018.
    64 p. : il. ; 28 cm.

    ISBN 978-85-294-0509-4
    ISBN 978-85-294-0511-7 (coleção)

    1. Ciências - Estudo e ensino (Ensino Fundamental). I. Stroeder, Heleni. II. Título.

17-46093            CDD: 372.35
                     CDU: 373.3.016:5

# Apresentação

O despertar da curiosidade pela ciência se dá de forma intensa quando permitimos aos alunos a possibilidade de vivenciar, na prática, os conteúdos estudados de forma teórica. Acreditamos que as aulas práticas no laboratório de ciências são importantes recursos pedagógicos, pois permitem ao aluno envolver-se no seu processo de aprendizagem, realizando observações e questionamentos, elaborando hipóteses, coletando e analisando dados, discutindo resultados e tirando conclusões.

Nessa perspectiva, as aulas práticas tornam o laboratório um espaço de desenvolvimento investigativo, onde o aluno tem a oportunidade de construir seu conhecimento através do método científico.

A possibilidade de trabalhar em grupos no laboratório permite ainda, ao aluno, desenvolver suas habilidades sociais ao expor oralmente suas ideias, manifestando suas opiniões, concordâncias e discordâncias e ao estabelecer conexões com os demais membros do grupo, fortalecendo o trabalho em equipe.

Neste volume, propomos um conjunto de práticas que abrangem o conteúdo trabalhado em Ciências no 9º ano do Ensino Fundamental: química geral e inorgânica e física (termometria, mecânica, ondulatória e óptica).

Boas experiências!

*As autoras*

# Segurança nas aulas práticas

## Normas de utilização e segurança:

- Sempre lavar as mãos antes e depois das aulas.

- Não levar alimentos ao laboratório.

- Quando for orientado pelo professor, usar luvas descartáveis para a realização das práticas.

- As substâncias químicas não devem ser cheiradas e nem levadas à boca.

- Caso haja quebra de material, o aluno deverá chamar imediatamente o professor.

- O aluno deverá sempre esperar a orientação do professor antes de realizar o experimento.

- Para sua segurança, nunca introduza objetos nas tomadas.

- Cuide adequadamente do material do laboratório, pois ele é parte integrante de seu aprendizado.

- Leve ao laboratório apenas os materiais que serão utilizados durante a aula (livro de laboratório, lápis e borracha para anotações).

# GRANDEZAS E MEDIDAS

**INTRODUÇÃO:** Grandeza física é tudo aquilo que pode ser medido com algum tipo de instrumento. Para cada grandeza física usamos uma unidade de medida adequada, que é uma quantidade específica da grandeza que serve de padrão para futuras comparações.

## OBJETIVOS

- Compreender os conceitos de "grandeza física", "medida" e "unidade de medida".
- Identificar os instrumentos e as unidades de medidas adequadas para cada tipo ou objeto de medição.

## MATERIAIS

- trena
- régua
- paquímetro
- cronômetro
- relógio
- tubo com óleo e esfera metálica
- balança
- pacote de cascalho
- brinquedo pica-pau
- haste metálica
- dinamômetro
- termômetro

## PROCEDIMENTO

1. Escolher o instrumento de medição que o grupo considerar o mais adequado.
2. Fazer as medidas listadas na página seguinte.
3. Anotar os valores na tabela.

## Medidas

1. Comprimento da haste metálica.
2. Diâmetro da haste metálica.
3. Tempo de descida da esfera dentro do tubo com óleo.
4. Tempo de descida do pássaro de brinquedo entre as posições 5 cm e 15 cm.
5. Massa do pacote de cascalho.
6. Peso do pacote de cascalho.
7. Temperatura de um dos integrantes do grupo.

## RESULTADOS

| Objeto | Grandeza | Medida (valor numérico) | Unidade (fornecida pelo instrumento) | Instrumento |
|---|---|---|---|---|
| Haste metálica | | | | |
| | | | | |
| Esfera | | | | |
| Passarinho | | | | |
| Pacote de cascalho | | | | |
| | | | | |
| Corpo humano | | | | |

## CONCLUSÃO

O que é medir uma grandeza física?

_____

_____

_____

_____

_____

_____

# Aula 2

# PROPAGAÇÃO DE CALOR

**INTRODUÇÃO:** A propagação de calor se dá entre dois corpos com temperaturas diferentes, sempre no sentido do de maior temperatura para o de menor temperatura e pode ocorrer de três formas. Quando a propagação de calor se dá através das moléculas do meio, por meio do contato entre os corpos, é chamada de **condução**. Quando essa propagação se dá pelo deslocamento de massas de fluidos (gases ou líquidos) é chamada de **convecção**. E quando ela se dá por meio de ondas eletromagnéticas é chamada de **irradiação**.

**OBJETIVOS:** Conhecer as diferentes formas de propagação de calor.

## MATERIAIS

- suporte universal
- vela
- lâmpada incandescente
- béquer de 500 mL
- haste metálica
- caixa de fósforo
- aquecedor elétrico
- permanganato de potássio
- 3 tachinhas
- soquete
- 3 termômetros

## Experimento 1
### PROCEDIMENTO

1. Prender com parafina derretida três tachinhas na haste metálica, conforme ilustração ao lado.
2. Fixar a haste no suporte universal.
3. Acender a vela bem próxima à ponta da haste metálica, conforme esquema abaixo.

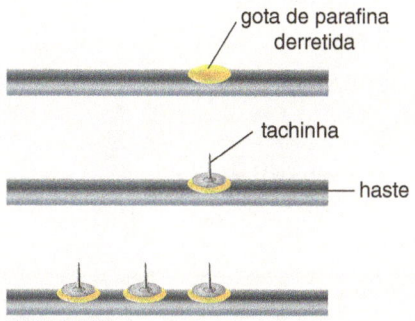

Preparação da haste metálica.

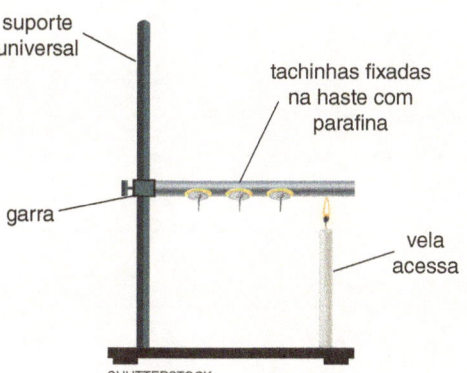

Montagem do experimento.

## RESULTADOS E CONCLUSÕES

1. Explique o que acontece com as tachinhas.

   _____
   _____
   _____
   _____

2. Qual forma de propagação de calor é predominante nesse experimento?

   _____

## Experimento 2
### PROCEDIMENTO

1. Conectar a lâmpada incandescente no soquete e este na tomada.
2. Posicionar os termômetros: um a 5 cm de distância, outro a 10 cm e o terceiro a 15 cm da lâmpada.
3. Anotar na tabela a seguir as temperaturas indicadas nos termômetros com o decorrer do tempo.

| | TEMPERATURA (°C) | | | | | | |
|---|---|---|---|---|---|---|---|
| | Inicial | Após 1 min | Após 2 min | Após 3 min | Após 4 min | Após 5 min | Após 6 min |
| Termômetro 1 (5 cm) | | | | | | | |
| Termômetro 2 (10 cm) | | | | | | | |
| Termômetro 3 (15 cm) | | | | | | | |

## RESULTADOS E CONCLUSÕES

1. O que ocorreu com as temperaturas indicadas pelos termômetros?

   _____
   _____
   _____
   _____

**2.** Qual é a forma predominante de propagação de calor envolvida nesse experimento?

_____

_____

# Experimento 3

## PROCEDIMENTO

1. Aquecer 400 mL de água em um béquer.
2. Com o aquecedor elétrico ligado, adicionar um pouco de permanganato de potássio no fundo do béquer e observar.

## RESULTADOS E CONCLUSÕES

**1.** O que ocorreu com o permanganato?

_____

_____

_____

**2.** Qual é a forma predominante de propagação de calor envolvida nesse experimento?

_____

**3.** Complete a tabela abaixo indicando as formas de propagação de calor e respectivos meios de propagação.

| Forma de propagação de calor | Meios de propagação |
|---|---|
|  |  |
|  |  |
|  |  |

Experimente a Ciência – 9º ano

## Aula 3

# VELOCIDADE MÉDIA

**INTRODUÇÃO:** Cada móvel apresenta uma taxa de rapidez ao se deslocar por um trajeto. A essa taxa dá-se o nome de velocidade média, a qual é definida como a razão entre o deslocamento escalar e o intervalo de tempo gasto para que esse deslocamento ocorra:

$$v_m = \frac{\Delta s}{\Delta t}$$

A unidade de velocidade no Sistema Internacional de Unidades é o m/s, porém existem diversas outras unidades de velocidades, como o km/h, por exemplo, utilizado comumente aqui no Brasil. Logo, torna-se necessário em diversas situações realizar a conversão de m/s para km/h, e vice-versa.

$$1\,\frac{km}{h} = \frac{1.000\,m}{3.600\,s} = \frac{1}{3,6}\,\frac{m}{s} \longrightarrow \frac{m}{s} \xrightleftharpoons[\div 3,6]{\times 3,6} \frac{km}{h}$$

## OBJETIVOS

- Compreender a diferença entre velocidade média e velocidade instantânea.
- Calcular, com base em uma situação real, a velocidade média de um ser humano.
- Realizar a conversão de velocidade de m/s para km/h, e vice-versa.

## MATERIAIS

- trena de 30 metros
- cronômetro

## PROCEDIMENTO

1. Utilizar a trena de 30 m para medir a distância existente entre dois pontos em local determinado pelo(a) professor(a). Estabelecer, assim, o deslocamento a ser percorrido.
2. Cada aluno deverá percorrer metade da distância estipulada andando devagar e a outra metade andando o mais rápido possível.
3. Com o auxílio de um cronômetro, medir o intervalo de tempo gasto pelos alunos do grupo no trajeto total.

❹ Preencher a tabela abaixo com as informações coletadas, fazer o cálculo da velocidade média de cada integrante em m/s bem como sua conversão para km/h.

## RESULTADO

| Nome do aluno | Deslocamento (m) | Tempo (s) | Velocidade média (m/s) | Velocidade média (km/h) |
|---|---|---|---|---|
|  |  |  |  |  |
|  |  |  |  |  |
|  |  |  |  |  |
|  |  |  |  |  |

## CONCLUSÕES

1. Qual é a diferença entre velocidade média e velocidade instantânea?

_____

_____

_____

_____

2. Realizar as conversões de unidades abaixo para a grandeza física velocidade.

   a) 35 m/s = _____ km/h

   b) 15 m/s = _____ km/h

   c) 36 km/h = _____ (no SI)

   d) 108 km/h = _____ m/s

3. Qual é a velocidade, no SI, de um móvel que percorre 14,4 km em 3 minutos?

Experimente a Ciência – 9º ano

# TENTATIVA DE MOVIMENTO UNIFORME

**INTRODUÇÃO:** Por meio de um gráfico podemos mostrar como uma grandeza física varia em função de outra.

Em movimentos perfeitamente uniformes, obtemos a figura de uma reta no gráfico $s \times t$, no qual mostramos a variação da posição de um corpo em função do tempo.

## OBJETIVOS

➡ Representar, por meio de um gráfico, o movimento realizado por um aluno.
➡ Aprender a traçar uma reta média e a calcular a velocidade média de um corpo por meio de um gráfico $s \times t$.

## MATERIAIS

- trena de 30 metros
- cronômetro
- régua

## PROCEDIMENTO

1. Esticar sobre o piso a trena de 30 m.
2. Marcar com um giz as posições múltiplas de 5 m (5 m, 10 m, 15 m, 20 m, 25 m e 30 m).
3. Por meio da marcação parcial do cronômetro, determinar o intervalo de tempo em que o aluno, caminhando da forma mais uniforme possível, atinge as posições do item anterior.
(Importante: começar a caminhada alguns metros antes da posição zero para estabilizar ao máximo a velocidade.)
4. Completar a tabela da página seguinte.
5. Marcar no gráfico os pontos encontrados.
6. Traçar uma reta média.
7. Calcular a velocidade média do integrante do grupo com base na reta média.

# RESULTADOS E CONCLUSÕES

| s (m) | t (s) |
|---|---|
| 0 | |
| 5 | |
| 10 | |
| 15 | |
| 20 | |
| 25 | |
| 30 | |

1. Marcar cada um dos pontos no gráfico espaço (s) × tempo (t) e traçar a reta média.

## ROTEIRO PARA OBTER UM BOM GRÁFICO

- Escolher a área do papel onde será montado o gráfico.
- Desenhar os eixos claramente: a variável dependente deve estar sempre no eixo vertical (y) e a variável independente no eixo horizontal (x).
- Marcar nos eixos as escalas, escolhendo divisões que resultem em fácil leitura de valores intermediários (por exemplo, divida de 2 em 2, e não de 7,7 em 7,7). As escalas dos dois eixos não precisam, necessariamente, ser iguais.
- Se possível, cada um dos eixos deve começar em zero.
- Marcar abaixo do eixo horizontal e ao lado do eixo vertical o nome da variável ali representada e, entre parênteses, as unidades usadas.
- Marcar cada um dos pontos do gráfico cuidadosa e claramente.
- Escrever, na parte superior do gráfico, o título do gráfico. Todo gráfico deve ter um título.

TÍTULO: _____

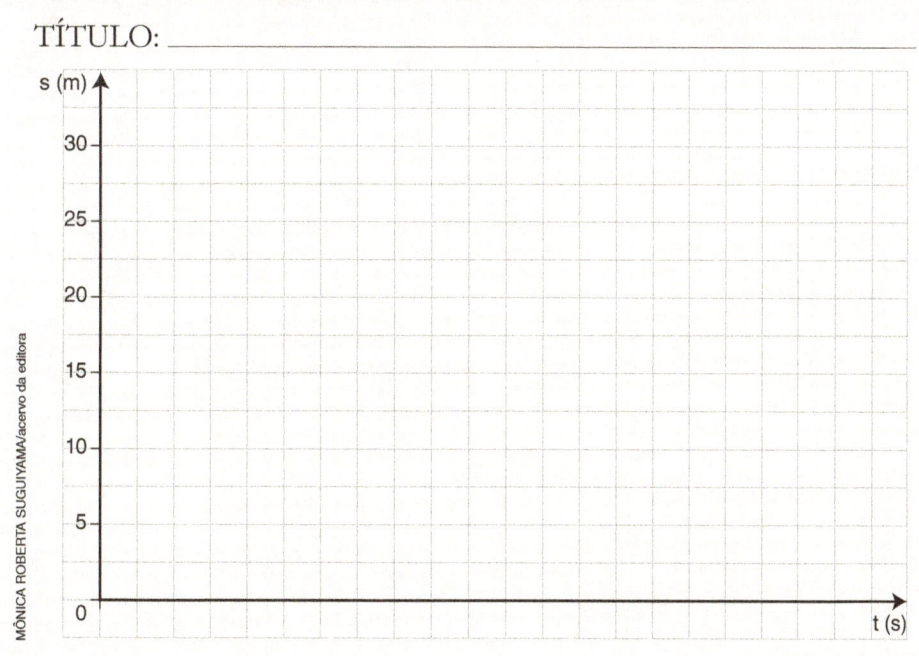

Experimente a Ciência – 9º ano

**OBSERVAÇÃO:** Em movimentos perfeitamente uniformes, obtemos a figura de uma reta no gráfico s × t. Porém, como é praticamente impossível que o integrante do grupo caminhe sempre com a mesma velocidade, os pontos encontrados não formarão uma reta perfeita, denunciando que o movimento é variado. Nesse caso, traçamos uma reta média, a qual deverá passar o mais próximo possível de todos os pontos, procurando deixar a mesma quantidade de pontos acima e abaixo dela, nos propiciando a simulação do movimento uniforme mais próximo do movimento realizado. Exemplo:

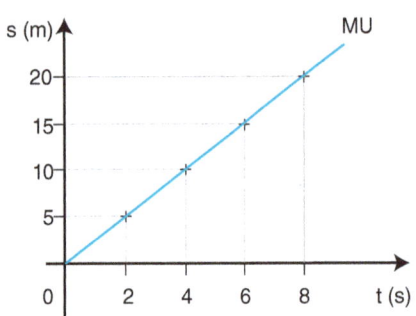

Gráfico do movimento uniforme

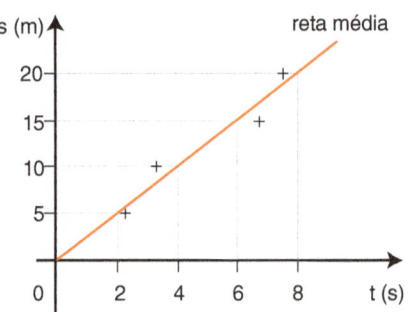

Reta média – Simulação de um MU

2. Com base na reta média encontrada, determinar a velocidade média do integrante do grupo.

$$v_m = \frac{\Delta s}{\Delta t} = \frac{(s_f - s_i)}{(t_f - t_i)} =$$

## Aulas 5 e 6

# ENCONTRO DE MÓVEIS

**INTRODUÇÃO:** No estudo do Movimento Uniforme, podemos determinar de diferentes formas o instante e a posição do encontro de dois móveis.

## OBJETIVOS

- Compreender as diferentes formas de analisar dados.
- Determinar o instante e a posição do encontro de objetos móveis que se deslocam na mesma direção e sentidos opostos.

## MATERIAIS

- plano inclinado
- tubo plástico vedado contendo um líquido viscoso, uma esfera metálica e uma bolha de ar no seu interior
- ímã
- cronômetro
- metro de madeira acoplado ao plano inclinado

## Experimento 1
### PROCEDIMENTO

1. Manter o tubo na vertical até que a BOLHA chegue ao topo.
2. Prender com o ímã a ESFERA na outra extremidade do tubo e apoiar o tubo no plano inclinado, posicionando a esfera no marco ZERO do metro.
3. Abaixar a extremidade do tubo onde está a bolha até a posição 100 cm do metro, de forma que o tubo fique paralelo ao plano inclinado.
4. A BOLHA começará a subir. Quando chegar à posição 80 cm, soltar a ESFERA e disparar o cronômetro.
5. Determinar experimentalmente o instante, com o uso do cronômetro, e a posição, por meio da simples observação, em que a ESFERA e a BOLHA se encontram. Anotar os resultados.

## RESULTADO

| Instante do encontro* | Posição do encontro* |
|---|---|
| | |

* Registrar o observado na tabela final de comparação.

Experimente a Ciência – 9º ano

# Experimento 2

## PROCEDIMENTO

1. Repetir o procedimento anterior duas vezes, uma para registrar os dados da bolha e outra para o registro dos dados da esfera.
2. Fazer as leituras dos instantes para cada uma das posições indicadas nas tabelas abaixo. Anotar os valores obtidos.

## RESULTADO

| ESFERA | | |
|---|---|---|
| Posição (cm) | Instante | |
| | Leitura do cronômetro | Conversão para segundos (s) |
| 0 | | |
| 20 | | |
| 40 | | |
| 60 | | |
| 80 | | |

| BOLHA | | |
|---|---|---|
| Posição (cm) | Instante | |
| | Leitura do cronômetro | Conversão para segundos (s) |
| 80 | | |
| 60 | | |
| 40 | | |
| 20 | | |
| 0 | | |

### CÁLCULO DA VELOCIDADE DA ESFERA
Utilizando as posições e instantes iniciais e finais, calcular aqui a velocidade da ESFERA:

$v_E =$ _____

Equação horária do espaço para a ESFERA:

### CÁLCULO DA VELOCIDADE DA BOLHA
Utilizando as posições e instantes iniciais e finais, calcular aqui a velocidade da BOLHA:

$v_B =$ _____

Equação horária do espaço para a BOLHA:

### Instante do encontro*
Calcular o instante do encontro, igualando as equações horárias:

Instante do encontro:

### Posição do encontro*
Calcular a posição do encontro, substituindo o valor do instante, calculado anteriormente, em uma das equações horárias:

Posição do encontro:

\* Registrar o instante e a posição do encontro obtidos no Experimento 2 na tabela final de comparação.

## CONSTRUÇÃO DO GRÁFICO

1. Construir, em um mesmo sistema de eixos, um gráfico que represente o movimento da esfera e um que represente o movimento da bolha. Para isso, extrair da tabela anterior os pares posição e tempo da ESFERA e marcar com um ponto no quadriculado abaixo.
2. Traçar uma "reta média".
3. Repetir o mesmo procedimento para os dados do movimento da BOLHA.
4. Destacar o ponto onde as retas médias da ESFERA e da BOLHA se cruzam. Registrar o instante e a posição do encontro na tabela final de comparação.

## RESULTADOS

TÍTULO: _____

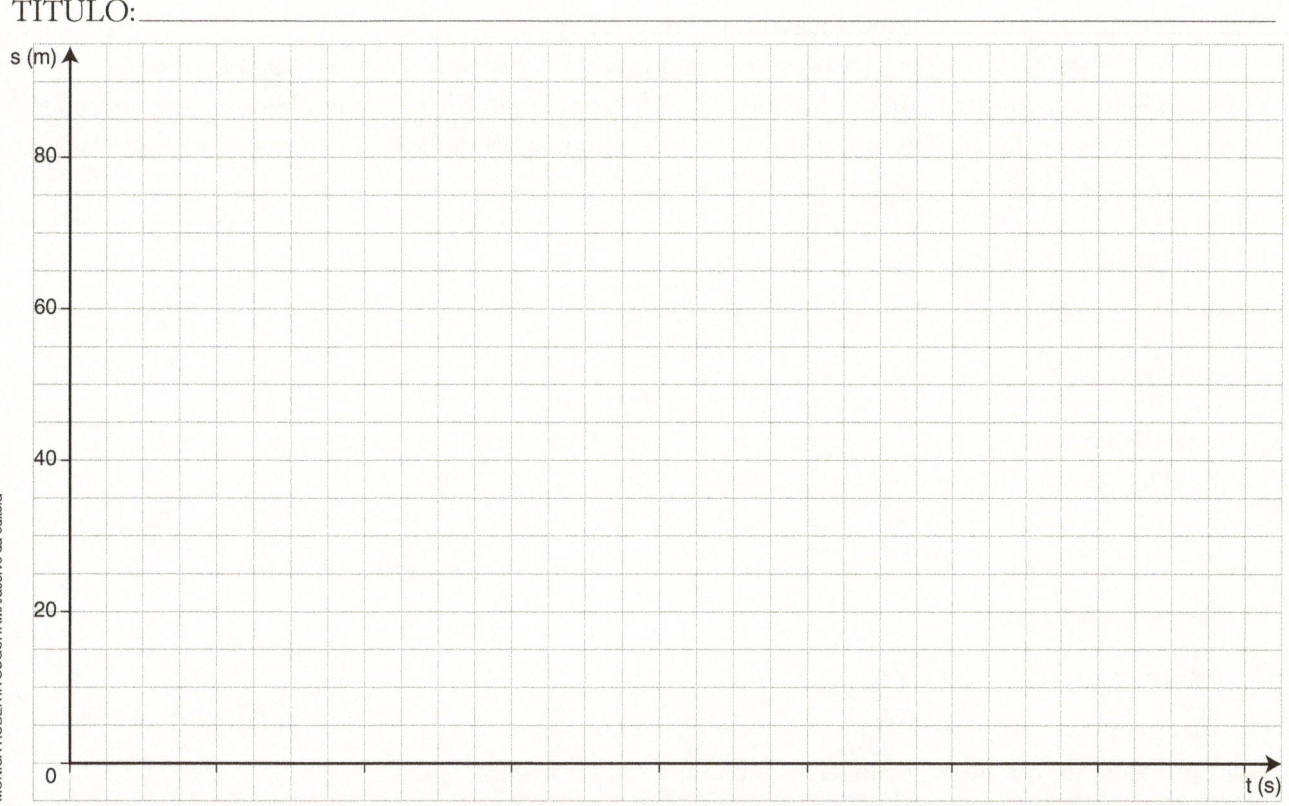

| Instante do encontro* | Posição do encontro* |
|---|---|
|  |  |

* Registrar os valores obtidos na tabela final de comparação.

## CONCLUSÃO – TABELA FINAL DE COMPARAÇÃO

|  | Observação experimental | Por meio das funções horárias | Por meio do gráfico |
|---|---|---|---|
| Instante do encontro |  |  |  |
| Posição do encontro |  |  |  |

Experimente a Ciência – 9º ano

# Aula 7

# QUEDA LIVRE

**INTRODUÇÃO:** A queda livre é um tipo de movimento uniformemente variado que ocorre na direção vertical, com sentido para baixo, no qual um corpo abandonado do repouso aumenta sua velocidade de forma constante, de acordo com a aceleração da gravidade do local. Esta sofre variações dependendo da altitude e da localização no globo terrestre.

As equações utilizadas para o estudo da queda dos corpos são as mesmas que usamos na análise do movimento uniformemente variado (MUV). Nos estudos de queda livre de objetos próximos à superfície terrestre, desprezaremos a resistência do ar e consideraremos a aceleração da gravidade (g) constante e igual a, aproximadamente, $10 \text{ m/s}^2$.

**OBJETIVO:** Inferir sobre o tempo de queda de uma bola de tênis a partir de uma altura conhecida e comparar com o valor obtido experimentalmente.

## MATERIAIS

- bolas de tênis
- cronômetro
- trena

## PROCEDIMENTO

1. Determinar a altura fixa da queda:_____
2. Cada grupo deverá abandonar a bola de tênis cinco vezes a partir da altura conhecida.
3. Medir e anotar o tempo de queda, completar a tabela abaixo.
4. Calcular o tempo médio de queda.

| Medida | TEMPO (s) | | | |
|---|---|---|---|---|
| | Grupo 1 | Grupo 2 | Grupo 3 | Grupo 4 |
| 1 | | | | |
| 2 | | | | |
| 3 | | | | |
| 4 | | | | |
| 5 | | | | |
| Média de tempo | | | | |

**5** Prever o tempo de queda a partir da equação dos espaços abaixo:

$$h = h_0 + v_0 \cdot t + \frac{g \cdot t^2}{2} \Rightarrow h = \frac{g \cdot t^2}{2}$$

em que h é a altura, g é a aceleração da gravidade e t é o tempo médio.

Tempo previsto de queda: _____

**6** Comparar o tempo previsto de queda (obtido por meio da equação dos espaços) com o valor obtido experimentalmente.

## CONCLUSÕES

**1.** O valor encontrado por seu grupo foi próximo do valor previsto?
_____

**2.** Que fatores podem ter afetado a cronometragem do tempo de queda?
_____
_____
_____
_____

# Aula 8

# ONDAS SONORAS

**INTRODUÇÃO:** Onda é uma perturbação que se propaga transportando energia sem transportar matéria. Existem dois tipos básicos de ondas: as mecânicas e as eletromagnéticas. Enquanto as ondas eletromagnéticas, como, por exemplo, a luz, podem se propagar tanto em meio material quanto no vácuo, as ondas mecânicas se propagam apenas na presença de um meio material. As ondas sonoras são exemplos de ondas mecânicas, necessitando, portanto, de um meio material para se propagar.

## Experimento 1

**OBJETIVO:** Construir um "telefone com fio" e verificar a propagação do som através dele.

### MATERIAIS

- copos descartáveis com um furo no fundo
- pedaço de barbante de 2 metros (pelo menos)

### PROCEDIMENTO

1. Prender (com nó) as extremidades do barbante, no fundo dos copos, pela parte interna.
2. Um aluno deve falar dentro de um dos copos, enquanto o outro aluno tenta escutar no outro copo (conforme ilustração abaixo).
3. Falar uma vez com o barbante esticado e outra sem que o barbante esteja esticado.

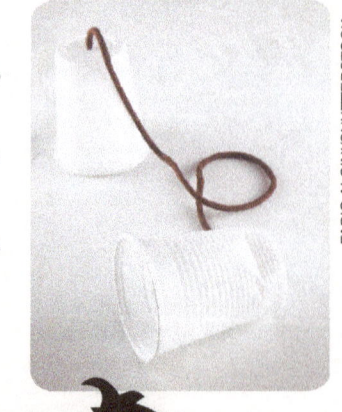

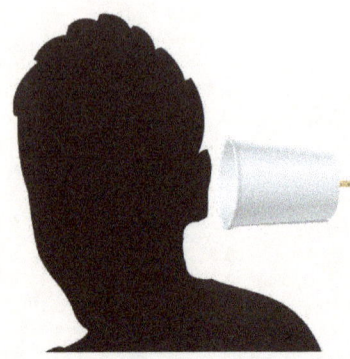

## RESULTADOS

1. Qual é a diferença, para quem está escutando, quando o experimento é realizado com o barbante sem estar esticado e com ele esticado?

   _____
   _____

2. Qual é o caminho percorrido pelo som desde que sai da boca de um colega até alcançar o tímpano do outro aluno?

   _____
   _____
   _____
   _____

## CONCLUSÃO

Haveria alteração, no som, se os copos descartáveis fossem substituídos por latas ou caixas de fósforo? Comente.

_____
_____
_____
_____

### Complementos

1. "Linha cortada" – Com a mão livre, enquanto escuta o colega falar, aperte firmemente o barbante, impedindo-o de vibrar e solte-o em seguida. Repita o procedimento.
2. "Linha cruzada" – Cruze os telefones dois a dois, depois quatro a quatro, pelo centro do barbante. Mantendo os barbantes esticados, um aluno fala ao copo enquanto os outros escutam. Alternem-se.

## Experimento 2

### OBJETIVOS

➡ Simular o comportamento dos tímpanos, membranas que vibram conforme varia a pressão do ar.
➡ Compreender como as elevadas intensidades das ondas sonoras podem danificar os tímpanos.

## MATERIAIS

- um balão de borracha ou filme plástico
- uma tesoura
- um tubo de PVC, de papelão ou uma lata com cerca de 10 cm de diâmetro
- um elástico
- uma fonte sonora
- um pouco de farinha

## PROCEDIMENTO

1. Cortar o balão de borracha conforme a ilustração.
2. Montar a membrana vibratória com o balão de borracha cortado, prendendo-o bem esticado à borda do tubo. No caso do filme plástico, prendê-lo com a ajuda de um elástico, conforme ilustração abaixo.

HIERARCH/SHUTTERSTOCK

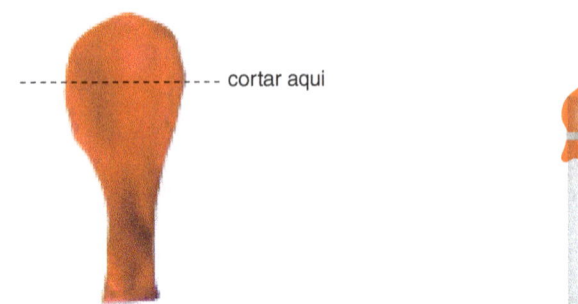

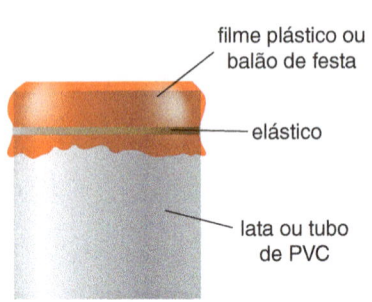

3. Espalhar um pouco da farinha sobre a membrana.
4. Colocar o tubo próximo à fonte sonora.
5. Ligar a fonte sonora, aumentando, gradativamente, sua intensidade.

## RESULTADOS

**1.** O que acontece com os grãos de farinha? Explique.

______________________________________________

______________________________________________

______________________________________________

**2.** Há diferença no comportamento dos grãos dependendo da intensidade do som? Justifique.

______________________________________________

______________________________________________

**ATENÇÃO:** Observe que, após algum tempo, a elasticidade da membrana diminui, exigindo que seja novamente esticada ou substituída. Com os tímpanos não dá para fazer o mesmo!

# Aula 9

# ACÚSTICA – PRODUZINDO, REFLETINDO E ISOLANDO O SOM

**INTRODUÇÃO:** As ondas sonoras possuem algumas características, como frequência e amplitude, e se propagam mais facilmente em alguns meios do que em outros. Ondas com diferentes frequências resultam em sons mais graves ou mais agudos, enquanto ondas sonoras com diferentes amplitudes resultam em sons mais fortes ou mais fracos. Quando um meio não propaga bem o som, dizemos que ele é um bom isolante acústico.

## OBJETIVOS

➥ Reconhecer algumas características das ondas sonoras, como frequência e amplitude.
➥ Identificar alguns fenômenos sonoros, como reforço e ressonância.
➥ Testar a eficiência de alguns materiais em isolar o som.

### Experimento 1 – Produzindo sons de diferentes frequências

## MATERIAIS

➤ 4 tubos de ensaio
➤ suporte para tubos de ensaio
➤ água

## PROCEDIMENTO

❶ Colocar água nos tubos de ensaio de forma que cada tubo fique com um pouco de água a menos que o outro, conforme ilustração abaixo..

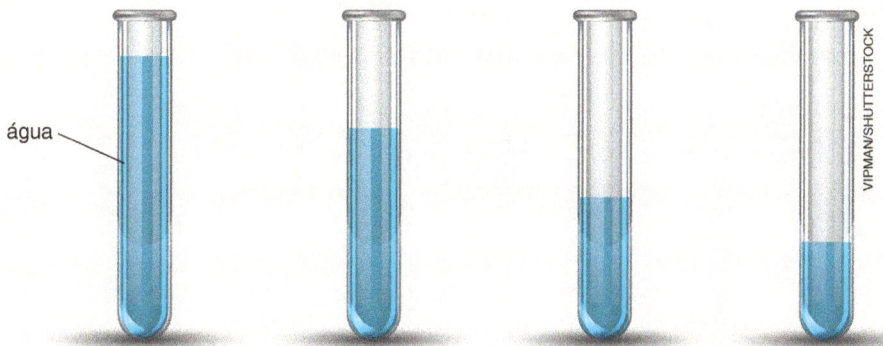

❷ Soprar próximo à boca de cada tubo.

## RESULTADO

Há diferença com relação à altura dos sons produzidos pelos diferentes tubos de ensaio? Se sim, qual?

_____

## CONCLUSÃO

De que maneira a quantidade de água influencia na altura do som?

_____

_____

_____

### Complemento

Observe o mesmo fenômeno do experimento acima em uma diferente situação: enquanto assopra a extremidade de um canudo, "escorregue" para cima uma das mãos que está fechando a outra extremidade do canudo. Note que o som se torna mais agudo conforme o espaço do canudo fica menor.

## Experimento 2 – Aumentando a intensidade do som (1)

### MATERIAIS

- 2 canudos
- prendedor de papel (clipe)
- copo descartável com furo no fundo

### PROCEDIMENTO

1. Prender uma das extremidades de um dos canudos no fundo do copo com um clipe para que ele não se solte, conforme ilustração ao lado. Reservar.
2. Com uma das mãos segurar uma extremidade do outro canudo.
3. Molhar a ponta dos dedos da mão livre, apertar o canudo um pouco acima da outra mão e escorregá-lo até a extremidade livre.
4. Repetir o procedimento com o canudo preso ao fundo do copo.

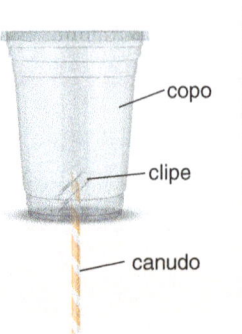

**RESULTADO E CONCLUSÃO:** Qual é a diferença entre o som emitido pelo canudo quando está solto e quando está preso no copo? Explique.

_____

_____

_____

## Experimento 3 – Aumentando a intensidade do som (2)

### MATERIAIS

- diapasão
- caixa de ressonância

### PROCEDIMENTO

1. Escutar o som produzido pelo diapasão quando está sozinho e quando está junto à caixa.

### RESULTADO E CONCLUSÃO

Qual é o fenômeno sonoro que podemos observar quando o diapasão está junto à caixa? Por quê?

_____
_____
_____

## Experimento 4 – Isolando o som

### MATERIAIS

- 1 despertador pequeno a pilha
- 4 caixas de papelão forradas internamente com diferentes materiais (por exemplo, isopor, caixa de ovo, espuma, lã, jornal)
- 1 caixa de papelão sem forro

### PROCEDIMENTO

1. Colocar o despertador tocando dentro de cada uma das caixas.
2. Comparar o som propagado em cada uma das situações.

### RESULTADOS E CONCLUSÕES

1. Qual material você acha que funcionou como melhor isolante acústico?

_____

2. Existiria uma maneira ou um material capaz de isolar perfeitamente o som? Qual?

_____
_____

# ESPELHOS PLANOS

**INTRODUÇÃO:** Um espelho plano é uma superfície plana e bem polida que reflete muito bem a luz.

**OBJETIVO:** Entender a formação de imagens em espelhos planos.

## Experimento 1
### MATERIAIS

- 1 espelho plano
- 2 objetos idênticos
- 1 fonte de luz laser
- papel milimetrado
- 1 folha de papel sulfite com a imagem de um transferidor

### PROCEDIMENTO 1

1. Colocar o espelho sobre o desenho do transferidor e traçar uma reta perpendicular a ele (reta normal), conforme esquema ao lado.
2. Fazer incidir sobre o espelho um feixe de laser de tal forma que encontre a reta normal (no espelho) formando um ângulo de 60° com ela.
3. Observar os raios incidente e refletido no papel.
4. Medir o ângulo de reflexão correspondente.
5. Repetir o procedimento mudando o ângulo de incidência.

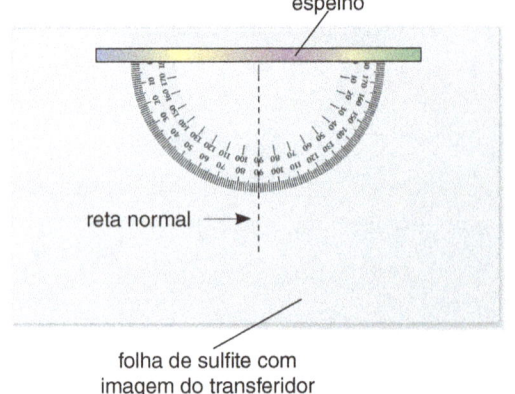

### RESULTADO

Esquematizar, na imagem ao lado, os raios incidente e refletido bem como os ângulos de incidência e reflexão para uma das situações testadas.

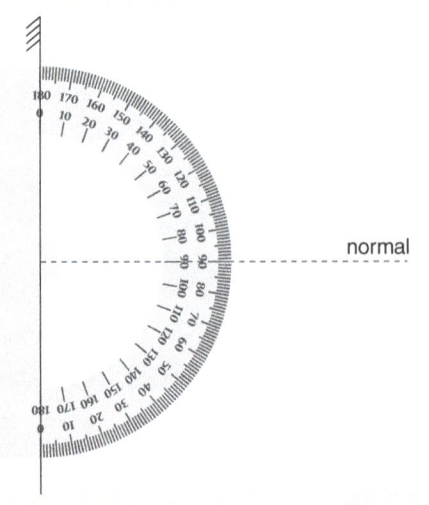

## CONCLUSÕES

1. O que ocorre com o ângulo de reflexão, quando o ângulo de incidência é aumentado?

2. Qual é o ângulo de reflexão quando a luz incide perpendicularmente ao espelho? Por quê?

3. O que podemos concluir sobre a relação entre os ângulos de incidência e de reflexão?

## PROCEDIMENTO 2

① Colocar o espelho no meio do papel milimetrado, conforme ilustração abaixo.
② Um dos alunos deverá segurar um objeto na frente do espelho.
③ O aluno que estiver olhando para o espelho deverá posicionar o outro objeto atrás do espelho de modo que ele se encaixe perfeitamente com a imagem do primeiro (ver esquema a seguir).

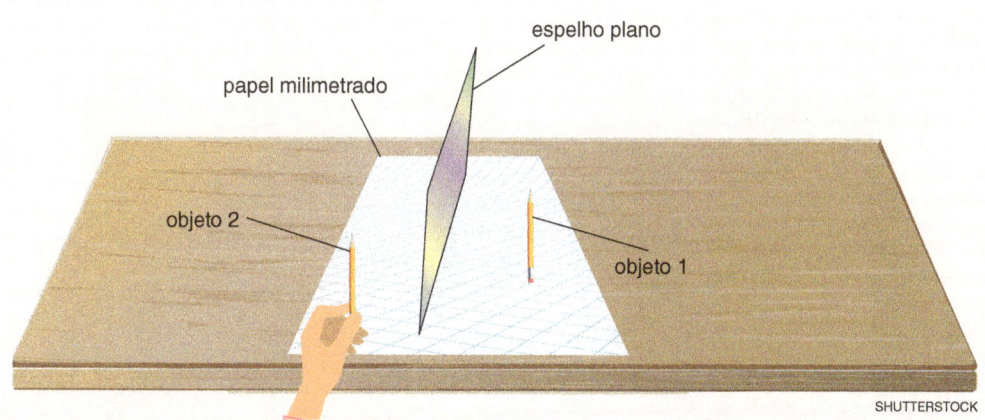

④ Medir a distância entre o espelho e o objeto e entre a imagem e o espelho.
⑤ Repetir o procedimento mudando a posição do objeto.
⑥ Tentar prever onde está sendo formada a imagem de um objeto. Colocar o segundo objeto na posição esperada e conferir.

## RESULTADOS E CONCLUSÕES

1. O que se pode concluir com relação à distância entre o objeto e o espelho e à distância entre o espelho e a imagem?

**2.** Quais são as características da imagem de um espelho plano?

_____

_____

## Experimento 2

**OBJETIVO:** Relacionar o ângulo entre dois espelhos com o número de imagens formadas por estes.

### MATERIAIS

- 2 espelhos planos
- 1 folha de papel sulfite com a imagem de um transferidor
- 1 objeto (borracha, moeda, tampa de caneta, por exemplo)

### PROCEDIMENTO

1. Colocar um dos espelhos sobre a imagem do transferidor e o outro, formando um ângulo de 90° com o primeiro.
2. Posicionar o objeto na frente de um dos espelhos (espelho 1), que permanecerá fixo.
3. Deslocar o espelho 2, variando o ângulo entre os espelhos, conforme esquema ao lado.
4. Observar o número de imagens formadas para cada situação apresentada a seguir e completar a tabela.

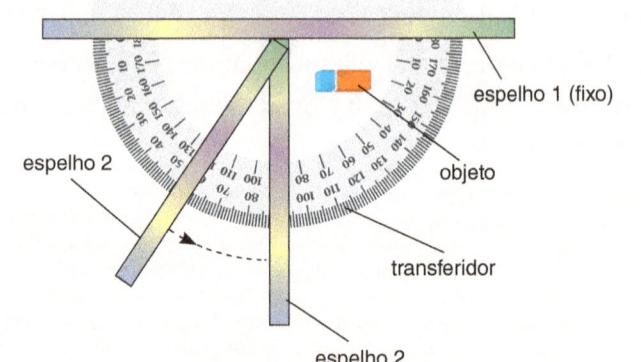

### RESULTADO

| Ângulo entre os espelhos | Número de imagens | Ângulo entre os espelhos | Número de imagens |
|---|---|---|---|
| 30° | | 90° | |
| 45° | | 120° | |
| 60° | | 180° | |

### CONCLUSÃO

Qual é a relação entre o ângulo entre os espelhos e o número de imagens formadas?

# Aula 11

# ESPELHOS ESFÉRICOS E ESPELHOS PLANOS

**INTRODUÇÃO:** Um espelho esférico é uma superfície refletora que tem a forma de uma calota esférica. Ele pode ser côncavo ou convexo.

## OBJETIVOS

➡ Comparar o tipo de imagem formada e o campo visual nos espelhos plano, côncavo e convexo.
➡ Aprender a localizar o foco de um espelho côncavo.

## MATERIAIS

➤ 1 espelho plano
➤ espelhos côncavos e convexos ou conchas e colheres de inox bem polidas e brilhantes
➤ 1 lápis ou caneta

## Experimento 1
### PROCEDIMENTO

❶ Encostar a ponta da caneta ou lápis na parte central interna (côncava) da concha.
❷ Observar a imagem formada nessa situação.
❸ Afastar o objeto da concha e observar o que ocorre com a imagem.
❹ Repetir o procedimento com a parte externa (convexa) da concha e com o espelho plano.
❺ Observar o campo visual de cada espelho e o tipo de imagem formada em cada situação.

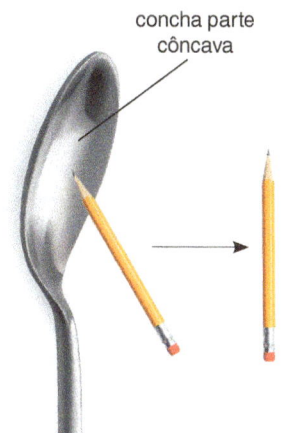
concha parte côncava

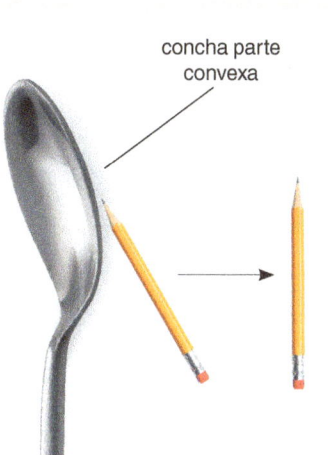
concha parte convexa

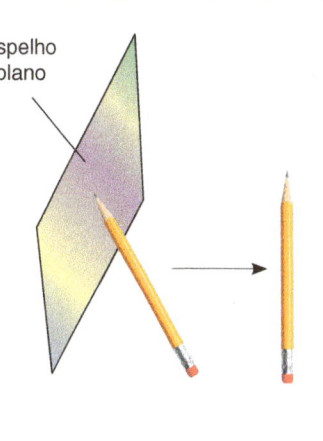
espelho plano

Experimente a Ciência – 9º ano

**RESULTADO:** Completar a tabela abaixo.

| ESPELHO | POSIÇÃO DO OBJETO COM RELAÇÃO AO ESPELHO | IMAGEM | | | | |
|---|---|---|---|---|---|---|
| | | Maior | Menor | Igual | Direita | Invertida |
| CÔNCAVO | próximo | | | | | |
| | distante | | | | | |
| CONVEXO | próximo | | | | | |
| | distante | | | | | |
| PLANO | próximo | | | | | |
| | distante | | | | | |

## CONCLUSÕES

1. Que tipo de espelho devemos utilizar quando queremos ampliar a imagem de um objeto?

___

2. E quando precisamos ampliar o campo visual?

___

## Experimento 2

### PROCEDIMENTO

① Repetir novamente o procedimento da atividade 1 com a face côncava da concha ou colher, mas agora mais lentamente.

② Encontrar o foco desse espelho sabendo que este se localiza na posição em que, colocando o objeto, não há formação de imagem no espelho côncavo.

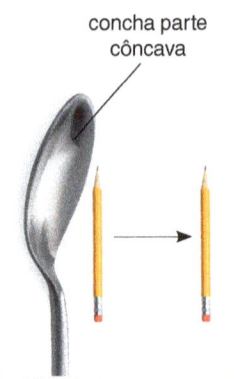

concha parte côncava

## CONCLUSÃO

Como é chamada a imagem de um objeto colocado no foco de um espelho côncavo?

___

# LENTES ESFÉRICAS

**INTRODUÇÃO:** As lentes são objetos transparentes, que refratam a luz e são limitados por duas superfícies esféricas ou por uma superfície esférica e outra plana. Podem ser utilizadas para diversos fins, entre eles, a correção da miopia e da hipermetropia. A pessoa com hipermetropia tem dificuldade para enxergar objetos próximos, pois o olho de um hipermétrope é um pouco mais curto que o necessário e a imagem se forma "atrás" da retina. Já, o míope tem dificuldade para enxergar objetos distantes visto que seu olho é mais comprido que o necessário e a imagem se forma, portanto, "antes" da retina.

**OBJETIVO:** Conhecer os diferentes tipos de lentes, seu funcionamento e sua utilização na correção de defeitos de visão.

## MATERIAIS

- diferentes tipos de lentes (plano-côncava, bicôncava, plano-convexa e biconvexa)
- figuras ilustrando um olho normal, um olho hipermétrope e um olho míope
- banco óptico plano
- 1 fonte de luz laser paralelo

## Experimento 1
### PROCEDIMENTO

1. Posicionar uma lente convergente no centro do banco óptico.
2. Incidir o laser perpendicularmente à lente e observar o que acontece quando raios paralelos a atravessam.
3. Repetir o mesmo procedimento com uma lente divergente.
4. Esquematizar os raios refratados em cada caso.

## RESULTADOS

(a) Lente convergente

(b) Lente divergente

## CONCLUSÃO

Qual é o comportamento dos raios luminosos ao atravessarem diferentes tipos de lentes?

___

## Experimento 2

### PROCEDIMENTO

1. Repetir o procedimento anterior para as demais lentes disponíveis, classificando-as em convergentes ou divergentes.
2. Comparar a espessura da borda com a espessura da parte central das lentes.
3. Completar a tabela.

### RESULTADOS

| NOME | plano-côncava | bicôncava | plano-convexa | biconvexa |
|---|---|---|---|---|
| TIPO (convergente/divergente) | | | | |
| BORDA (fina/grossa) | | | | |

### CONCLUSÃO

Como você pode identificar visualmente se uma lente é convergente ou divergente? Explique.

___

## Experimento 3

### PROCEDIMENTO

1. Colocar a figura que representa o olho normal sobre o banco óptico e ligar os raios paralelos de laser na direção do que seria o cristalino no esquema.

❷ Posicionar os diferentes tipos de lentes disponíveis no lugar do "cristalino" e identificar qual seria o tipo de lente natural do olho, que faz com que os raios atinjam a retina. (Observação: daqui em diante essa será a lente utilizada no lugar do cristalino em todas as situações.)

❸ Completar o primeiro esquema com os raios que formam a imagem no olho de uma pessoa com visão normal.

❹ Colocar o esquema do olho de uma pessoa com hipermetropia sobre o banco óptico e fazer com que os raios paralelos de laser atravessem o cristalino do olho hipermétrope.

❺ Observar onde os raios se encontram. Completar o respectivo esquema.

❻ Determinar experimentalmente a lente que corrige a hipermetropia.

❼ Completar o esquema com o desenho da lente corretiva e dos raios que formam a imagem após a correção.

❽ Repetir o mesmo procedimento com o esquema do olho de uma pessoa com miopia.

❾ Completar os esquemas do olho míope sem a lente corretiva e com ela.

**RESULTADOS**

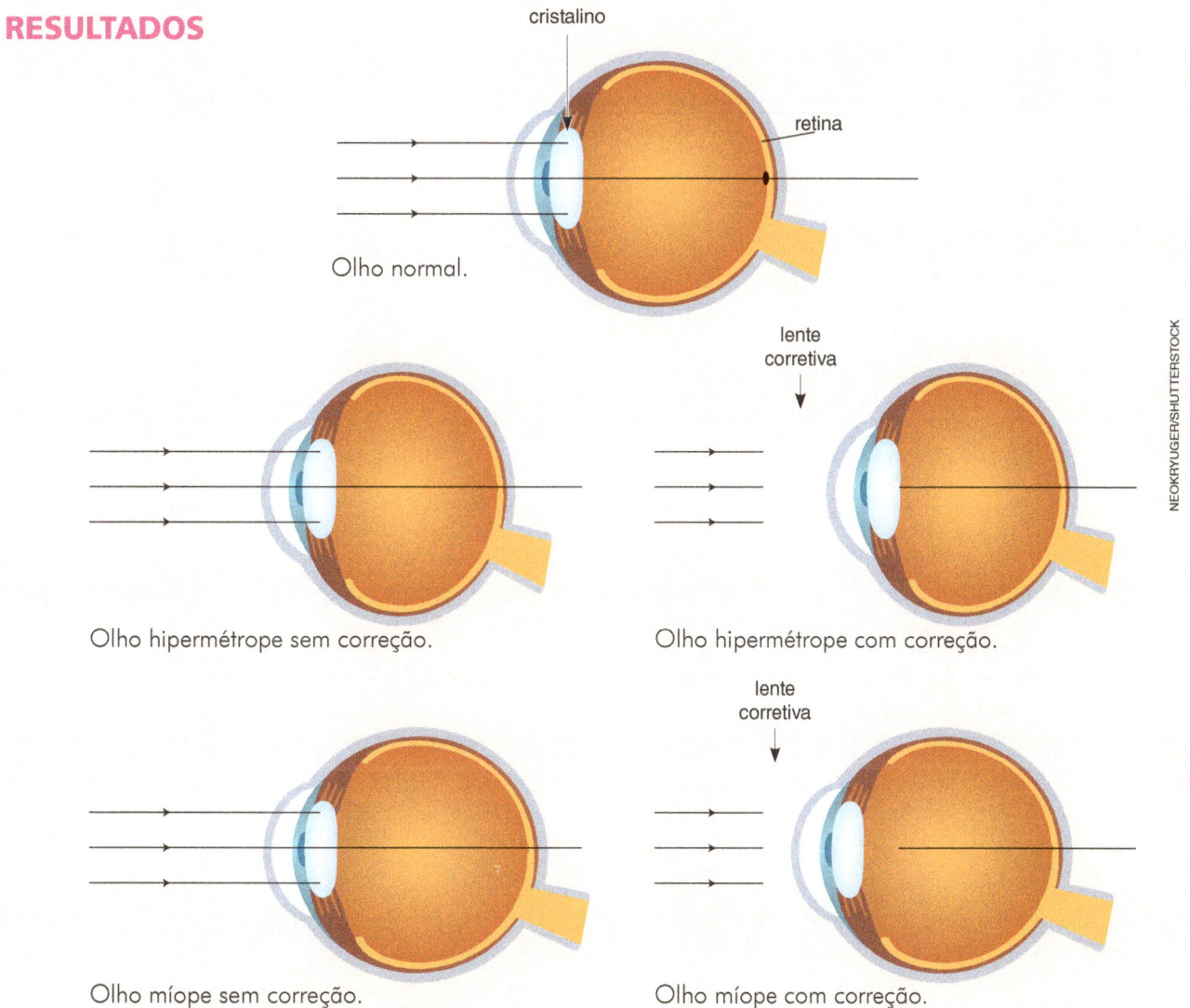

## CONCLUSÕES

1. Para corrigir a hipermetropia usamos uma lente _____

2. Para corrigir a miopia usamos uma lente _____

Experimente a Ciência – 9º ano

# DENSIDADE DE SÓLIDOS

**Aula 13**

**INTRODUÇÃO:** A densidade (d), que é a relação entre a massa (m) de um material e o seu volume (V), é uma propriedade específica da matéria que pode ser utilizada para identificar se um material é puro ou se é uma mistura. Ela é uma medida experimental, feita normalmente à temperatura de 20 °C e pressão de 1 atm, já que a densidade varia com a temperatura.

## OBJETIVOS

- Determinar a densidade de diferentes sólidos.
- Identificar o material presente em diferentes amostras por meio da densidade calculada.

## MATERIAIS

- balança
- provetas de 10 mL
- água
- barras de diferentes materiais metálicos

## PROCEDIMENTO

1. Usando a balança, determinar a massa da amostra metálica. Anotar na tabela da página seguinte o valor obtido.
2. Para determinar o volume, colocar aproximadamente 5 mL de água na proveta (ou o suficiente para cobrir a amostra, sem atingir seu volume máximo de 10 mL).
3. Ler o volume da água conforme figura abaixo e anotar, para cada amostra, os valores na coluna "volume inicial" da tabela.

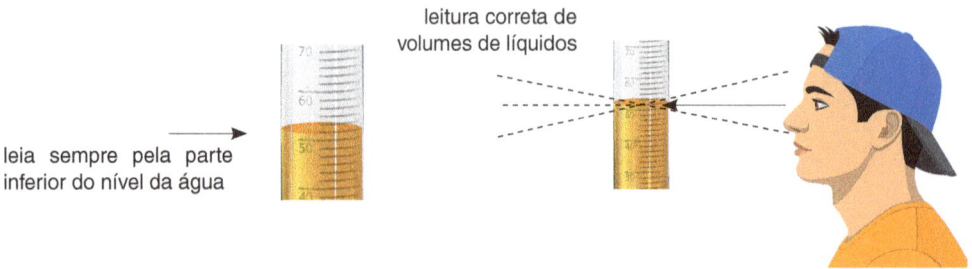

4. Inclinar a proveta e introduzir a amostra, deixando-a escorregar lentamente até o fundo, para não espirrar água e para que a proveta não se quebre. Anotar o novo volume de cada amostra na coluna "volume final" da tabela.

⑤ Calcular o volume da amostra, que é a diferença entre o volume final e o volume inicial.
⑥ Calcular a densidade de cada amostra por meio da fórmula: $d = \dfrac{m}{V}$.

## RESULTADOS

| Amostra | Massa (g) | Volume inicial (mL) | Volume final (mL) | Volume da amostra (mL) | Densidade (g/mL) |
|---|---|---|---|---|---|
| 1 | | | | | |
| 2 | | | | | |
| 3 | | | | | |

### DENSIDADE DE ALGUNS METAIS (20 °C, 1 atm)

| Metal | Densidade (g/mL) | Metal | Densidade (g/mL) |
|---|---|---|---|
| Ferro | 7,84 | Cobre | 8,9 |
| Chumbo | 11,35 | Bário | 3,6 |
| Alumínio | 2,70 | Prata | 10,5 |
| Zinco | 7,1 | Ouro | 19,3 |

## CONCLUSÕES

1. Foi possível identificar a composição de todas as amostras de metais? Se sim, identifique a(s) amostra(s) e o metal que a(s) forma(m).

___

___

2. Caso você faça o mesmo experimento utilizando uma amostra maior do metal, haverá alteração na densidade? Justifique.

___

___

3. Explique como é possível calcular o volume de uma chave (sólido irregular).

___

___

Experimente a Ciência – 9º ano

# DENSIDADE DE LÍQUIDOS

**INTRODUÇÃO:** É possível determinar a densidade de líquidos de duas maneiras:
(a) por meio da determinação experimental da massa e do volume;
(b) utilizando densímetros. O densímetro é uma haste graduada, cuja parte inferior é preenchida com chumbo. O densímetro, quando colocado em um líquido, deve flutuar e permanecer parado na graduação que coincide com a densidade do líquido.

**OBJETIVO:** Determinar a densidade de diferentes líquidos, utilizando duas técnicas distintas.

## MATERIAIS

- provetas (10 mL e 500 mL)
- água destilada e água de torneira
- sal de cozinha
- béquer
- álcool etílico
- densímetros com diferentes escalas

## Experimento 1

### PROCEDIMENTO

1. Medir a massa de uma proveta de 10 mL, vazia e seca ($m_1$). Anotar o valor na tabela abaixo.
2. Colocar um volume qualquer de água destilada (V) e anotar.
3. Medir a massa da proveta com a água destilada ($m_2$) e anotar.
4. Calcular a massa do líquido ($m_{liq}$) e anotar o valor na tabela.
5. Calcular a densidade (d) utilizando os dados obtidos e anotar.
6. Repetir o procedimento usando álcool.

### RESULTADO

| Material | $m_1$ (g) (proveta) | $m_2$ (g) (proveta + líquido) | $m_{liq} = m_2 - m_1$ | V (mL) | d (g/mL) |
|---|---|---|---|---|---|
| Água destilada | | | | | |
| Álcool | | | | | |

## Experimento 2
### PROCEDIMENTO

1. Colocar 500 mL de água destilada em uma proveta, colocar o densímetro e deixar flutuar. Fazer a leitura da densidade na graduação do densímetro.
2. Repetir o procedimento com o álcool.
3. Colocar 500 mL de água de torneira em uma proveta e duas colheres bem cheias de sal, observar o volume. Utilizando o densímetro, determinar a densidade dessa mistura.

### RESULTADOS E CONCLUSÕES

1. Pode-se usar qualquer densímetro, independentemente da escala, para se determinar a densidade de um líquido? Justifique.

   _____
   _____
   _____
   _____

2. O volume da mistura água + sal praticamente não variou em comparação com o volume inicial de água. Explique por que isso ocorre.

   _____
   _____
   _____
   _____

3. A densidade da mistura água e sal variou em relação à da água pura? Justifique.

   _____
   _____
   _____
   _____

# MUDANÇAS DE ESTADO FÍSICO – EBULIÇÃO

**INTRODUÇÃO:** A ebulição é um tipo de mudança de estado físico que ocorre quando aquecemos determinado líquido até ocorrer a passagem para o estado gasoso. Nesse tipo de vaporização, a mudança de estado físico ocorre em toda extensão da amostra líquida e pode-se observar a formação de bolhas. O ponto de ebulição é específico para cada substância pura, sendo, portanto, uma propriedade específica da matéria, e ele pode variar de acordo com a pressão atmosférica.

**OBJETIVO:** Observar a variação da temperatura de determinadas amostras durante a ebulição.

## MATERIAIS

- aquecedor elétrico
- água destilada
- termômetro
- cronômetro
- béquer
- sal
- suporte universal

## PROCEDIMENTO

1. Em um béquer, aquecer uma porção de água destilada, medindo a temperatura a cada 2 minutos.
2. Em outro béquer, realizar o mesmo procedimento usando a mistura água e sal.
3. Anotar os dados nas tabelas correspondentes.

## RESULTADOS

| ÁGUA DESTILADA | |
|---|---|
| Tempo (min) | Temperatura (°C) |
| 0 | |
| 2 | |
| 4 | |
| 6 | |
| 8 | |

| ÁGUA E SAL | |
|---|---|
| Tempo (min) | Temperatura (°C) |
| 0 | |
| 2 | |
| 4 | |
| 6 | |
| 8 | |

| ÁGUA DESTILADA | |
|---|---|
| Tempo (min) | Temperatura (°C) |
| 10 | |
| 12 | |
| 14 | |
| 16 | |
| 18 | |
| 20 | |
| 22 | |
| 24 | |
| 26 | |
| 28 | |
| 30 | |

| ÁGUA E SAL | |
|---|---|
| Tempo (min) | Temperatura (°C) |
| 10 | |
| 12 | |
| 14 | |
| 16 | |
| 18 | |
| 20 | |
| 22 | |
| 24 | |
| 26 | |
| 28 | |
| 30 | |

Faça os gráficos dos resultados.

TÍTULO: _____

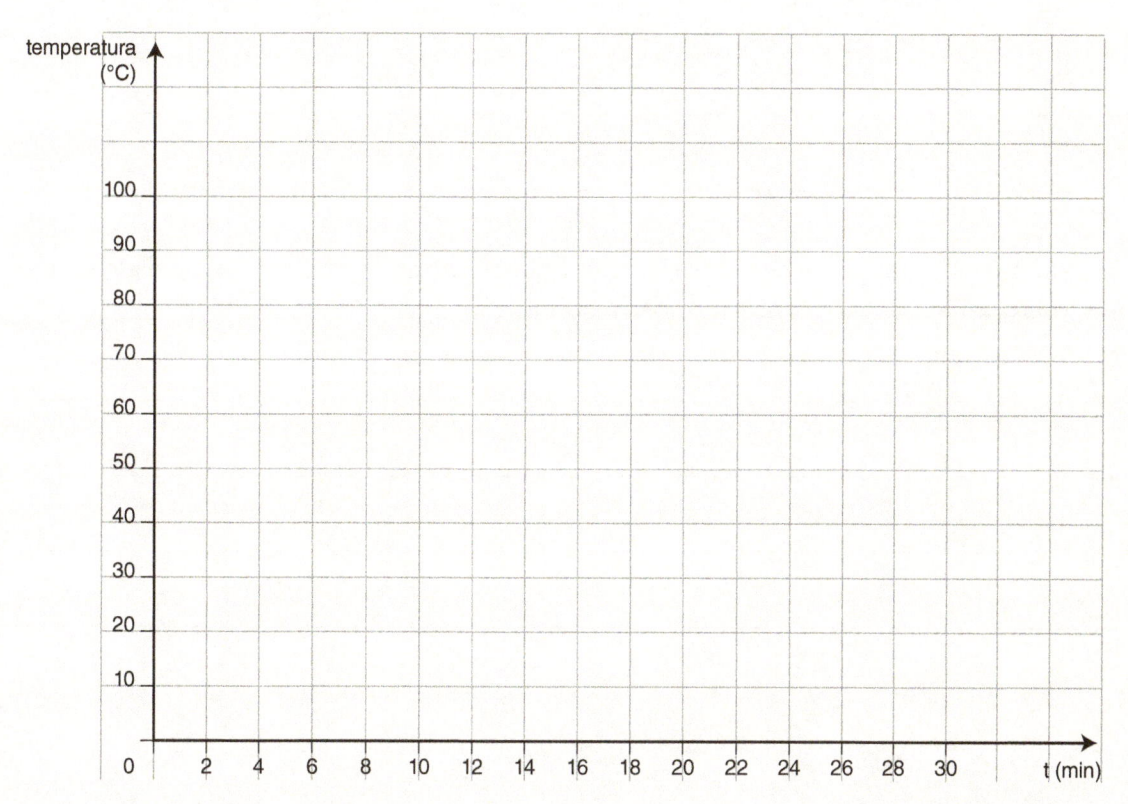

Experimente a Ciência – 9º ano

TÍTULO: ______________________________

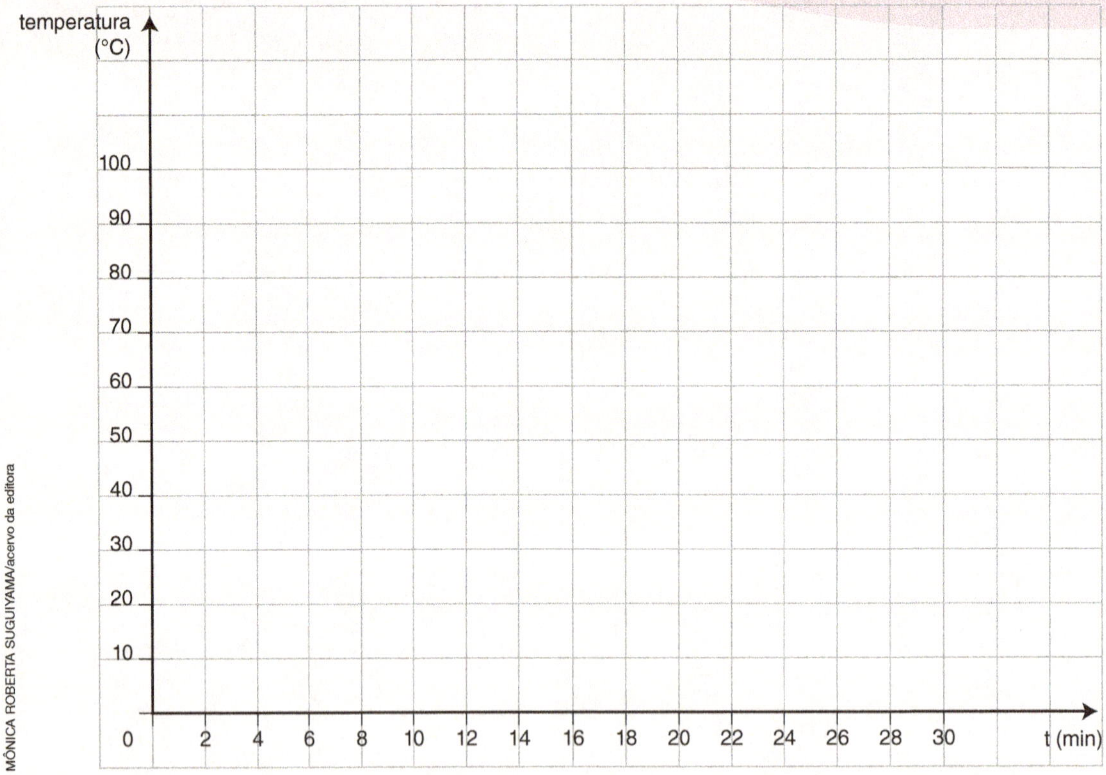
temperatura (°C)
100
90
80
70
60
50
40
30
20
10
0
2
4
6
8
10
12
14
16
18
20
22
24
26
28
30
t (min)

MÔNICA ROBERTA SUGUIYAMA/acervo da editora

## CONCLUSÕES

**1.** É possível, a partir dos resultados obtidos, diferenciar as amostras em substância pura ou mistura. Explique como.

______________________________

______________________________

______________________________

______________________________

**2.** Se os experimentos fossem realizados em regiões de menor altitude, em uma cidade de praia, por exemplo, os resultados seriam os mesmos? Justifique.

______________________________

______________________________

______________________________

______________________________

## Aula 16

# PROCESSOS DE SEPARAÇÃO DE MISTURAS HETEROGÊNEAS (I)

**INTRODUÇÃO:** Praticamente todas as substâncias que encontramos no ambiente são misturas, logo, para obter uma substância pura, isto é, isolada de outras, é necessário separá-la das demais.

Os métodos de separação de misturas baseiam-se nas propriedades físicas e químicas das substâncias. A escolha do método mais adequado é essencial para o sucesso da separação. Há métodos específicos para a separação de misturas homogêneas e heterogêneas. Uma mistura heterogênea é aquela que apresenta mais de uma fase.

## OBJETIVOS

- Realizar variados experimentos para a separação de determinadas misturas heterogêneas.
- Analisar os tipos de misturas e as propriedades relacionadas.

### Experimento 1 – Dissolução fracionada, decantação, filtração e evaporação

## MATERIAIS

- mistura de areia com sulfato de cobre
- papel-filtro
- suporte universal
- bastão de vidro
- água de torneira
- funil de vidro
- béquer
- aquecedor elétrico

## PROCEDIMENTO, RESULTADOS E CONCLUSÕES

❶ Adicionar um pouco de água à mistura de sulfato de cobre + areia. Misturar com o bastão de vidro.

**1.** Observe. Descreva o que ocorreu.

_____

_____

**2.** Qual é o nome do processo de separação de misturas realizado? Qual é a propriedade específica envolvida nesse processo?

_____

_____

Experimente a Ciência – 9º ano

❷ Deixar a mistura em repouso por alguns minutos.

3. Observe. Descreva o que ocorreu.
___
___

4. Qual é o nome do processo de separação de misturas nesse caso? Qual é a propriedade específica fundamental para que os componentes se separem?
___
___

❸ Fazer a montagem conforme o esquema abaixo.
❹ Despejar a mistura sobre o papel-filtro.

5. Observe. Descreva o que ocorreu.
___
___

6. A filtração é um processo eficaz para separar qualquer mistura sólido-líquido? Justifique.
___
___

7. A filtração é um processo utilizado para separar apenas misturas sólido-líquido? Dê exemplos.
___
___

42    Experimente a Ciência – 9º ano

⑥ Colocar uma parte da substância filtrada e aquecer até que todo o líquido vaporize.

8. Qual é o nome do processo de separação de misturas realizado nesse caso? Qual é a propriedade da matéria que permite que esse processo seja realizado com sucesso?

_____

_____

## Experimento 2 – Separação de diferentes amostras de metais

### MATERIAIS
- placa de Petri
- ímã
- pedaços de vários metais (limalha de ferro, cobre, alumínio, por exemplo)

### PROCEDIMENTO
❶ Colocar os pedaços de metais no interior da placa de Petri e fechá-la.
❷ Aproximar o ímã da placa de Petri.

### RESULTADOS E CONCLUSÕES

1. Todos os metais foram atraídos pelo ímã? Por quê?

_____

_____

_____

_____

2. Qual é o nome do processo de separação de misturas nesse caso? Qual é a propriedade física que permite que esses metais sejam separados?

_____

_____

# Aula 17

# PROCESSOS DE SEPARAÇÃO DE MISTURAS HETEROGÊNEAS (II)

**INTRODUÇÃO:** A adição de etanol à gasolina acima do limite permitido (27% de etanol) pode causar alguns danos ao veículo, principalmente em modelos que não possuem injeção eletrônica. Entre os problemas que a gasolina adulterada (com mais etanol do que o limite permitido) pode causar, podem-se citar a corrosão de peças do motor do veículo, falhas na bomba de combustível e aumento do consumo.

Para determinar o teor de álcool na gasolina, há um teste bastante simples que pode ser realizado, chamado de "teste da proveta".

### Experimento 1 - Decantação e extração do álcool da gasolina

## OBJETIVOS

- Separar dois líquidos não miscíveis.
- Extrair o álcool da gasolina.
- Calcular a porcentagem de etanol na gasolina.

## MATERIAIS

- proveta de 50 mL
- 25 mL da gasolina que se deseja analisar
- 25 mL de água

## PROCEDIMENTO

1. Colocar 25 mL de gasolina na proveta.
2. Adicionar 25 mL de água.
3. Com a boca tampada, misturar a gasolina e a solução, sem agitar.
4. Deixar em repouso por alguns minutos.

A água extrairá o álcool que estava misturado na gasolina.

Para calcular a porcentagem de etanol na gasolina, monta-se uma regra de três. Nela utiliza-se o valor da diferença de volume que a gasolina apresentou após a adição da água. Por exemplo, se o volume inicial de gasolina era 25 mL e após a decantação da mistura gasolina + água o volume da gasolina passou para 20 mL, isso significa que havia 5 mL de etanol na gasolina testada.

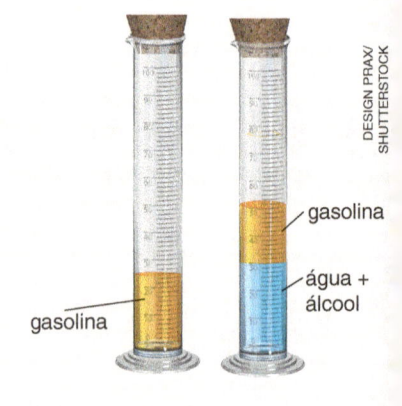

$$25 \text{ mL} \longrightarrow 100\%$$
$$5 \text{ mL} \longrightarrow x$$

$$25 \cdot x = 5 \cdot 100$$
$$x = \frac{500}{25}$$
$$x = 20\%$$

Essa gasolina está dentro do limite permitido (até 27% de etanol).

1. Calcule a porcentagem de álcool contida na amostra de gasolina analisada. Essa gasolina está dentro do limite permitido?

   Resposta: _____

2. Quais são as propriedades físicas desses líquidos imiscíveis que permitem a separação após a agitação?
   _____
   _____
   _____
   _____

## Aula 18

# PROCESSOS DE SEPARAÇÃO DE MISTURAS HOMOGÊNEAS

**INTRODUÇÃO:** As misturas homogêneas, também chamadas de soluções, apresentam uma única fase. Apesar de ser mais difícil separar os componentes de uma mistura homogênea do que de uma heterogênea, existem métodos relativamente simples que levam em consideração algumas propriedades dos compostos químicos, como, por exemplo, o ponto de ebulição e a solubilidade, que permitem a separação dos componentes de uma mistura homogênea.

### Experimento 1 – Cromatografia em papel

**OBJETIVO:** Demonstrar a separação dos pigmentos presentes na tinta de canetas hidrocores.

### MATERIAIS

- papel-filtro redondo
- pedaço de barbante
- álcool absoluto (99%)
- placa de Petri
- caneta hidrocor

### PROCEDIMENTO

1. Colocar aproximadamente 20 mL de álcool absoluto na placa de Petri.
2. Fazer um buraco pequeno no centro do papel-filtro.
3. Fazer um círculo, no papel-filtro, com a caneta hidrocor ao redor do buraco (observação: podem-se fazer dois semicírculos de cores diferentes ou bolinhas de cores diferentes).
4. Dar um nó no pedaço de barbante e passar o barbante pelo buraco do papel-filtro.
5. Apoiar o papel-filtro na borda da placa de Petri, deixando o nó na parte de cima do papel e o restante do barbante mergulhado.
6. Esperar o álcool absoluto migrar até as bordas do papel-filtro.

### RESULTADOS E CONCLUSÕES

1. Descreva o resultado obtido.

_____

_____

**2.** Se você mudar a cor da caneta hidrocor, o resultado será o mesmo? Comente.

_____
_____
_____

## Experimento 2 – Destilação simples

### OBJETIVOS

➠ Observar um processo de destilação.
➠ Compreender o funcionamento do destilador.

### MATERIAIS

- destilador
- caldo de cana
- fermento biológico (*Saccharomyces cerevisiae*)

### PROCEDIMENTO

1. Acrescentar o fermento biológico no caldo de cana, deixando fermentar por cerca de 24 horas.
2. Montar o destilador conforme o esquema abaixo, colocando o caldo de cana fermentado para ebulir.

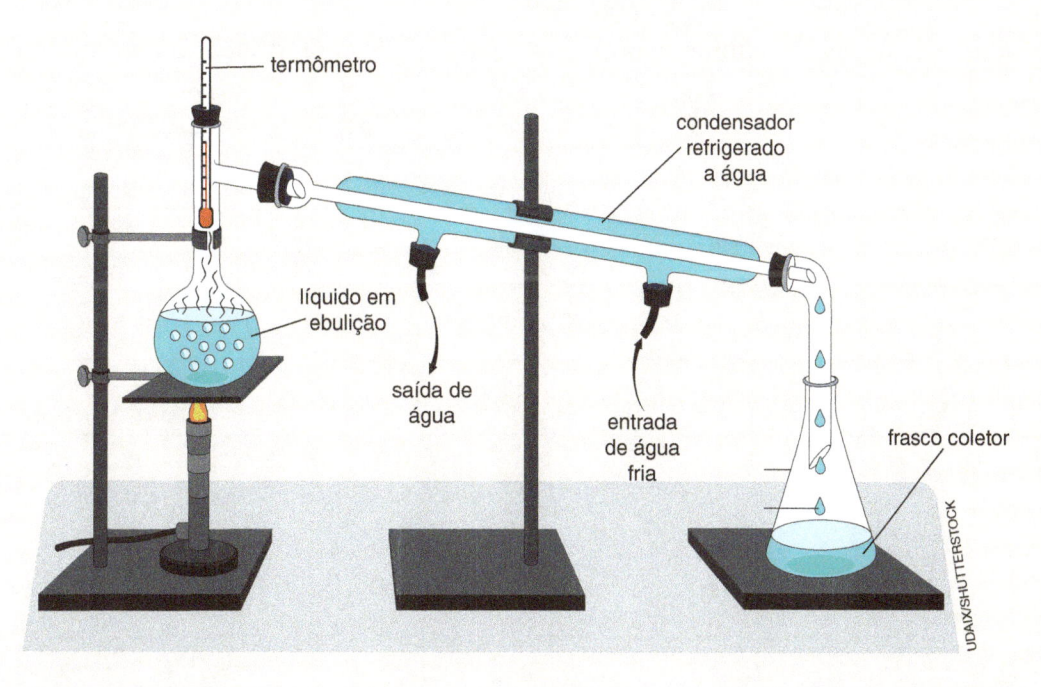

Aparelho para destilação simples.

## RESULTADOS E CONCLUSÕES

1. Qual é a propriedade específica da matéria que está relacionada ao processo de destilação?.

___

2. Considerando uma mistura de água e álcool (formada a partir da fermentação do caldo de cana), qual substância será separada no frasco coletor? Comente.

___

3. Ao final da separação de uma mistura, como podemos comprovar se as frações obtidas estão realmente puras?

___

4. O petróleo é uma combinação complexa de hidrocarbonetos, que são compostos que possuem os elementos químicos carbono e hidrogênio como principais componentes. Essas substâncias muitas vezes apresentam ponto de ebulição próximo.
O processo de destilação simples é eficaz na separação dos componentes do petróleo? Explique

___

# Aula 19

# TESTE DA CHAMA

**INTRODUÇÃO:** No teste da chama, determinada amostra de um sal inorgânico é submetida ao fogo, para que se possa observar a alteração da coloração da chama.

A cor da chama de um sal inorgânico é alterada quando um elétron recebe energia, o que faz com que ele salte para um nível mais externo da eletrosfera, que é mais energético. Esse elétron excitado, quando retorna ao seu nível de origem, libera a energia recebida sob a forma de luz (que é uma onda eletromagnética).

## OBJETIVOS

➡ Observar as diferentes colorações produzidas a partir da queima de diferentes sais inorgânicos.
➡ Observar o resultado da queima do magnésio metálico.

## MATERIAIS

- bico de Bunsen ou maçarico a gás ou lamparina a álcool
- alça metálica
- cápsula de porcelana
- tiras de magnésio metálico
- sais inorgânicos (sais de cobre, sódio, estrôncio, cálcio, potássio, lítio, por exemplo)
- solução de fenolftaleína
- béquer

## Experimento 1

### PROCEDIMENTO

1. Acender a fonte da chama (bico de Bunsen ou maçarico ou lamparina).
2. Pegar uma pequena porção de um dos sais e colocar em contato com a parte azul da chama.
3. Observar a coloração da chama e anotar o resultado na tabela.
4. Repetir o procedimento com outros sais.

## RESULTADOS E CONCLUSÕES

| Cor da chama | Sal utilizado |
|---|---|
|  |  |
|  |  |
|  |  |
|  |  |

**1.** A qual modelo atômico esse experimento está relacionado?

___

## Experimento 2

### PROCEDIMENTO

① Acender a fonte da chama (bico de Bunsen ou maçarico ou lamparina).
② Pegar uma pequena tira de magnésio e queimá-la.
③ Colocar a tira de magnésio em combustão no interior da cápsula de porcelana e aguardar o final da combustão.
④ Colocar o pó resultante da combustão do magnésio na solução de fenolftaleína.

### RESULTADOS E CONCLUSÕES

**1.** O que ocorreu com o magnésio metálico, quando ele foi queimado?

___

**2.** Sabendo que o pó formado a partir da queima do magnésio é um óxido, ou seja, a combinação de átomos de magnésio com átomos de oxigênio, determine a fórmula do composto formado.

___

**3.** A fenolftaleína é um indicador ácido-base, ou seja, ela tem sua coloração alterada na presença de substâncias ácidas ou básicas. Na presença de substâncias neutras ou ácidas a fenolftaleína permanece transparente, já na presença de substâncias alcalinas (básicas), sua cor passa de transparente para rósea. Houve alguma alteração na coloração da fenolftaleína, após a adição do pó resultante da queima do magnésio? Explique esse resultado.

___

___

# Aula 20

# MODELO ATÔMICO – ELETRIZAÇÃO

**INTRODUÇÃO:** Um corpo, quando está no estado neutro, possui quantidades iguais de prótons e elétrons. Quando um corpo é eletrizado, a quantidade de prótons e elétrons torna-se diferente, devido ao ganho ou perda de elétrons. Há vários processos de eletrização de corpos, sendo que um dos mais comuns é a eletrização por atrito.

## OBJETIVOS

➡ Provocar a eletrização por atrito em determinados corpos e observar situações em que ocorre a atração ou a repulsão entre eles.
➡ Associar esses fenômenos à estrutura do átomo.

## MATERIAIS

➤ 2 canudinhos de refresco de plástico, de preferência dos mais grossos, dobráveis
➤ 20 cm de fio de linha ou náilon
➤ algumas folhas de papel-toalha
➤ massa de modelar
➤ 1 pedaço de papel-alumínio

## PROCEDIMENTO E RESULTADOS

❶ Fazer a montagem como mostra a figura.

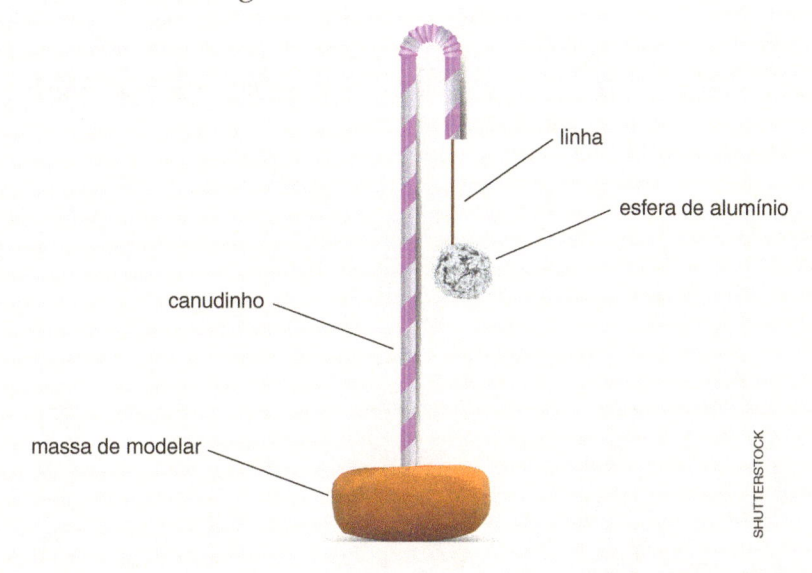

*linha*
*esfera de alumínio*
*canudinho*
*massa de modelar*

Experimente a Ciência – 9º ano

❷ Esfregar, repetidas vezes, um canudinho em uma folha de papel-toalha e, em seguida, aproximá-lo da esfera de alumínio.

1. Descreva o que ocorreu.

_____
_____
_____

❸ Substituir a esfera de alumínio por um pedaço de canudinho e friccioná-lo com o papel-toalha. Em seguida, friccionar outro canudinho e aproximá-lo do primeiro.

2. O que ocorreu nessa situação? Explique.

_____
_____
_____

## CONCLUSÕES

1. Considerando que todos os materiais (canudinho, alumínio, papel, madeira etc.) são formados por partículas minúsculas denominadas átomos, o que acontece com os átomos dos materiais que são friccionados, que justifique a eletrização desses corpos?

_____
_____
_____
_____

2. Levando em conta as partículas que constituem o átomo e o modelo atômico atual, explique por que ocorre a perda de elétrons e não de prótons, no processo de eletrização por atrito.

_____
_____
_____
_____

# Aula 21

# CONDUÇÃO DE ELETRICIDADE
## COMPOSTOS IÔNICOS × COMPOSTOS MOLECULARES

**INTRODUÇÃO:** Além da composição atômica e dos tipos de ligações presentes, os diferentes tipos de compostos químicos, como o iônico e o molecular, podem ou não conduzir eletricidade. A condução da eletricidade pode depender do estado físico em que o composto químico se encontra ou se ele está dissolvido em água, por exemplo.

**OBJETIVO:** Avaliar a condução de eletricidade de diferentes compostos químicos.

## MATERIAIS

- água destilada
- açúcar
- álcool etílico
- vinagre
- lâmpada
- suporte de madeira
- água de torneira
- sal de cozinha
- suco de limão
- ácido sulfúrico
- fio de cobre
- béquer

## PROCEDIMENTO

1. Preparar as diferentes amostras, conforme tabela da página seguinte.
2. Montar, conforme esquema a seguir, o aparato para determinar se há condutividade elétrica.
3. Testar as diferentes amostras, observando quando a lâmpada acende e a intensidade da luz.
4. Anotar os resultados na tabela.

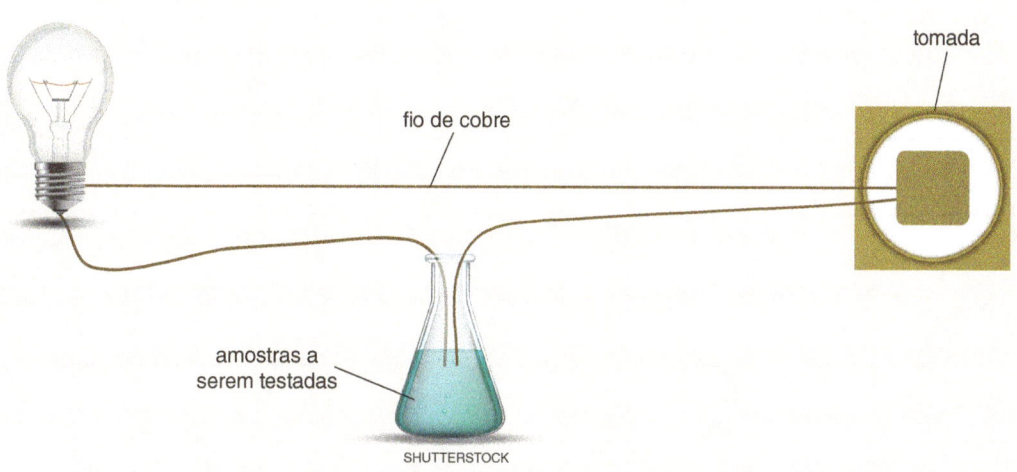

Experimente a Ciência – 9º ano

## RESULTADOS

| Substância/mistura | Acende | Não acende |
|---|---|---|
| Água destilada | | |
| Água de torneira | | |
| Água com açúcar (sacarose) | | |
| Açúcar (sacarose) | | |
| Água com sal de cozinha | | |
| Sal de cozinha | | |
| Água com álcool | | |
| Ácido sulfúrico dissolvido em água | | |
| Água com suco de limão | | |
| Água com vinagre | | |

## CONCLUSÕES

1. A partir dos resultados obtidos, em relação à condução de eletricidade, como podem ser classificadas as diferentes amostras desse experimento?

   _____
   _____

2. A água de torneira possui sais minerais dissolvidos. Explique por que ela não conduz eletricidade.

   _____
   _____
   _____

3. A partir dos resultados obtidos, que conclusões podem ser tiradas sobre os requisitos para a condução de eletricidade e as propriedades dos diferentes tipos de compostos?

   _____
   _____
   _____
   _____

# Aula 22

# REAÇÕES QUÍMICAS

**INTRODUÇÃO:** As transformações químicas, ou reações químicas, ocorrem quando algumas substâncias se combinam, transformando-se em novas substâncias. A observação das propriedades e do aspecto das substâncias é fundamental para que se possa comprovar a ocorrência de uma reação química.

## OBJETIVOS

➡ Descrever o estado inicial e o estado final de um sistema por meio da observação de suas características.

➡ Identificar fenômenos que apresentem evidências de reações químicas.

➡ Reconhecer a necessidade de considerar todos os reagentes e todos os produtos para comprovar a conservação da matéria nas transformações químicas.

## MATERIAIS

- balança com precisão de 0,1 g
- caixa de fósforo
- folha de papel
- óculos de proteção
- cápsula de porcelana
- palha de aço
- pinça

## Experimento 1

### PROCEDIMENTO

1. Determinar a massa da palha de aço e seu aspecto inicial.
2. Colocá-la dentro da cápsula de porcelana e queimá-la com cuidado, assoprando para que a combustão ocorra também nas partes internas.
3. Verificar a massa da palha de aço após a combustão e seu aspecto.
4. Completar a tabela a seguir com os resultados e as observações.

## RESULTADOS

| Propriedades | Estado inicial | Estado final |
|---|---|---|
| Cor | | |
| Textura | | |
| Massa | | |

## CONCLUSÕES

**1.** Quais são as evidências observadas que nos levam a afirmar que ocorreu uma reação química com a palha de aço?

_____

_____

**2.** Segundo a Lei de Lavoisier, "Na Natureza nada se cria, nada se perde, tudo se transforma", logo a massa dos reagentes deve ser igual à massa dos produtos. Como explicar a variação da massa da palha de aço, antes e depois da combustão?

_____

_____

_____

## Experimento 2

### PROCEDIMENTO

❶ Repetir os mesmos procedimentos utilizados na combustão da palha de aço, utilizando desta vez uma folha de papel.

### RESULTADOS

| Propriedades | Estado inicial | Estado final |
|---|---|---|
| Cor | | |
| Textura | | |
| Massa | | |

### CONCLUSÕES

**1.** Que evidências nos levam a afirmar que ocorreu uma reação química com o papel?

_____

_____

**2.** Após a combustão, a massa do papel variou da mesma maneira que a massa da palha de aço? Explique.

_____

_____

_____

## Aula 23

# VELOCIDADE DAS REAÇÕES QUÍMICAS

**INTRODUÇÃO:** As reações químicas podem ocorrer mais rapidamente ou mais lentamente, dependendo de uma série de fatores, dentre os quais podemos citar: a temperatura, a superfície de contato entre os reagentes, a presença de água e a presença de catalisadores, que podem ser inorgânicos ou biológicos, como as enzimas.

## OBJETIVOS

- Analisar as evidências da ocorrência de uma reação química.
- Verificar como alguns fatores aceleram ou retardam a velocidade de certas reações químicas.

## MATERIAIS

- béqueres (250 mL)
- tubos de ensaio
- lamparina
- caixa de fósforo
- comprimido efervescente (tipo "Sonrisal")
- cubos de gelo
- água oxigenada 20 V
- bióxido de manganês
- vegetais crus e cozidos
- carne crua e cozida
- cronômetro
- fita para medir pH

### Experimento 1

## PROCEDIMENTO

1. Colocar água à temperatura ambiente em dois béqueres, até que atinja ¾ do volume total de cada um deles.
2. Em um dos béqueres acrescentar um comprimido efervescente inteiro e no outro colocar um comprimido moído.
3. Marcar o tempo, com o cronômetro, até que a efervescência do comprimido finalize em cada um dos béqueres.

## RESULTADO E CONCLUSÃO

Em qual situação a efervescência ocorreu mais rapidamente? Qual fator deve ter aumentado a velocidade dessa reação química?

_____

_____

## Experimento 2

### PROCEDIMENTO

1. Colocar ¾ do volume total de um béquer de água fria e, em outro, ¾ de seu volume de água quente.
2. Acrescentar um comprimido efervescente em cada um dos béqueres.
3. Marcar o tempo, com o cronômetro, até que a efervescência finalize.
4. Medir, com a fita, o pH das soluções finais.

### RESULTADOS E CONCLUSÕES

1. Em qual dos dois béqueres a reação ocorreu mais rapidamente? Qual fator deve ter favorecido o aumento da velocidade nesse caso? Explique.

   _____
   _____
   _____
   _____

2. Em relação à medida do pH das duas soluções, houve diferença entre os resultados? Explique.

   _____
   _____
   _____

## Experimento 3

### PROCEDIMENTO

1. Colocar água oxigenada no tubo de ensaio até atingir ¼ do volume total.
2. Acrescentar uma pitada de bióxido de manganês e observar o que ocorre dentro do tubo.
3. Colocar um fósforo aceso na abertura do tudo de ensaio e observar o que ocorre com a chama.

### RESULTADOS E CONCLUSÕES

1. Qual evidência observada pode comprovar que ocorreu uma reação química nessa situação?

   _____
   _____

2. Qual foi o efeito provocado pela adição do bióxido de manganês nessa reação química?

   _____
   _____

## Experimento 4

### PROCEDIMENTO

❶ Repetir o experimento anterior, substituindo o bióxido de manganês por pedacinhos crus de legumes e de carne em diferentes tubos.

### RESULTADO E CONCLUSÃO

O que ocorreu nessa situação? O que há nos legumes e na carne que explique esse resultado?

_____
_____
_____

## Experimento 5

### PROCEDIMENTO

❶ Repetir o experimento anterior, substituindo os legumes crus e a carne crua por pedacinhos desses, porém, cozidos.

### RESULTADO E CONCLUSÃO

Os resultados obtidos foram os mesmos que quando usados os legumes e a carne crus? Explique por que isso ocorreu.

_____
_____
_____

## Experimento extra

❶ Uma reação química também pode ser favorecida ou ocorrer devido à presença da água. Isso pode ser observado no exemplo a seguir.

❷ Se misturarmos nitrato de prata ($AgNO_3$) e sal de cozinha (NaCl), ambos sólidos, não ocorrerá uma reação química e sim uma mistura química, porém, se ambos forem dissolvidos em água e, em seguida, misturados, a reação química entre ambos ocorrerá. Observe o esquema a seguir e complete-o.

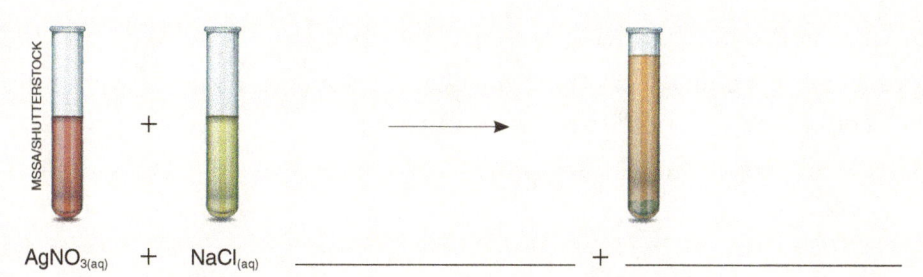

$AgNO_{3(aq)}$ + $NaCl_{(aq)}$ _____ + _____

Um dos dois produtos formados a partir dessa reação química precipitou. Consulte uma tabela de solubilidade de sais e conclua: qual é esse produto? _____

# INDICADORES ÁCIDO-BASE

**INTRODUÇÃO:** Os indicadores ácido-base são substâncias que mudam de cor quando são misturadas a um ácido ou a uma base.

**OBJETIVO:** Testar diferentes indicadores ácido-base em diferentes amostras.

## MATERIAIS

- solução de HCl
- solução de NaOH
- refrigerante
- suco de limão
- limpador multiuso
- sabonete líquido
- creme dental
- solução de fenolftaleína
- solução de metilorange
- solução de azul de bromotimol
- papel tornassol azul e vermelho
- suco de repolho roxo
- tubos de ensaio
- suportes para tubos de ensaio

## PROCEDIMENTO

1. Colocar cada uma das substâncias, presentes na tabela, em um tubo de ensaio.
2. Testar cada um dos indicadores (fenolftaleína, metilorange, azul de bromotimol, papel tornassol e suco do repolho roxo) em cada uma das substâncias.
3. Anotar os resultados na tabela a seguir.

## RESULTADOS

| Substância | Fenolftaleína | Metilo-range | Azul de bromo-timol | Tornassol vermelho | Tornassol azul | Suco de repolho roxo |
|---|---|---|---|---|---|---|
| HCl (aq) | | | | | | |
| NaOH (aq) | | | | | | |
| Refrigerante | | | | | | |
| Suco de limão | | | | | | |
| Sabonete | | | | | | |
| Multiuso | | | | | | |
| Creme dental | | | | | | |

## CONCLUSÃO

Preencha a tabela a seguir, classificando as soluções testadas como ácidas, básicas ou neutras.

| Substância | Classificação |
|---|---|
| HCl (aq) | |
| NaOH (aq) | |
| Refrigerante | |
| Suco de limão | |
| Sabonete | |
| Multiuso | |
| Creme dental | |

# Aula 25

# REAÇÕES DE NEUTRALIZAÇÃO

**INTRODUÇÃO:** Quando um ácido reage com uma base, formam-se sal e água. Como as propriedades do ácido e da base são neutralizadas, essa reação é conhecida como reação de neutralização.

## OBJETIVOS

- Neutralizar soluções de ácidos e bases.
- Observar a mudança da coloração de diferentes indicadores ácido-base.

## MATERIAIS

- fita indicadora de pH
- canudos de plástico
- estante para tubos de ensaio
- solução de algum ácido (como, por exemplo, HCl, $H_2SO_4$)
- solução de alguma base (como, por exemplo, NaOH)
- solução de fenolftaleína
- tubos de ensaio
- conta-gotas

## Experimento 1

### PROCEDIMENTO

1. Colocar a solução de ácido em um tubo de ensaio.
2. Medir o pH, utilizando a fita.
3. Gotejar a solução de base na solução do ácido e, periodicamente, medir o pH até que esse neutralize, ou seja, atinja o pH 7.

### RESULTADOS E CONCLUSÕES

1. Descreva o que foi observado, nas medidas do pH, conforme se adicionava a base.

___

___

2. Esquematize a reação química que ocorreu nesse experimento

___

___

# Experimento 2

## PROCEDIMENTO

1. Colocar a solução alcalina (base) em um tubo de ensaio.
2. Acrescentar algumas gotas da solução de fenolftaleína.
3. Assoprar a solução com o canudo até esta ficar transparente.

## RESULTADOS E CONCLUSÕES

1. Explique por que a solução de fenolftaleína + base ficou incolor após assoprarmos nela.

_____

_____

2. Esquematize a reação química que ocorreu nesse experimento.

_____

# Experimento extra – Fazendo chuva ácida

**INTRODUÇÃO:** Um fenômeno que pode acontecer na atmosfera terrestre é a chuva ácida, que ocorre devido à reação química entre óxidos (principalmente de enxofre e de nitrogênio) e água, gerando ácidos.

**OBJETIVO:** Ilustrar a produção de chuva ácida.

## MATERIAIS

- frasco de vidro vazio com tampa
- caixa de fósforo
- fenolftaleína
- massa de modelar
- solução alcalina fraca

## PROCEDIMENTO

1. Adicionar aproximadamente 20 mL da solução alcalina (ou o suficiente para atingir 1/5 da altura total do frasco) no interior do frasco de vidro.
2. Pingar de 3 a 5 gotas de fenolftaleína na solução (o suficiente para a solução ficar rósea).
3. Usar a massa de modelar como base e grudar 4 ou 5 palitos (de cabeça para baixo) na parte interna da tampa do frasco de vidro.
4. Acender cuidadosamente os palitos de fósforo e fechar rapidamente o frasco de vidro enquanto eles ainda estiverem pegando fogo.
5. Esperar o fogo dos palitos se apagar.
6. Agitar levemente o frasco e esperar alguns minutos ou até que a solução fique incolor.

## RESULTADOS E CONCLUSÕES

1. O que ocorreu na solução, que provocou a alteração da cor da fenolftaleína?

   _____
   _____
   _____
   _____

2. Sabendo que em um dos compostos presentes na cabeça do palito de fósforo há enxofre, determine as prováveis fórmulas dos gases formados que provocaram a alteração da cor da fenolftaleína.

   _____
   _____
   _____
   _____